U0948896

道

China's Road of Rising

Industrialization or Financialization?

路

工业化还是金融化？

江　涌◎著

中国人民大学出版社

序言：大国经济要政治挂帅

与江涌同志交往较多，了解他文章所涉大多是关乎国家经济安全的大问题。与目前许多只以经济利润为目的的经济学著作不同，江涌是从民族生死存亡的角度因而是战略角度看问题。我们成家的人都知道，在家中医生的话比媳妇的话管用，这是因为医生的话关乎生死，而媳妇的话只关乎感情。文章同理，好文章当直奔民族的生死存亡。

事实上，国家经济不可没有政治。在这方面，“今天遇到的很多事情都可以在历史上找到影子，历史上发生过的很多事情也都可以作为今天的镜鉴”[①]。2010 年 4 月 15 日，美国总统奥巴马接受澳大利亚电视台采访时将这一见解表

---

① 习近平：《牢记历史经验历史教训历史警示 为国家治理能力现代化提供有益借鉴》，http：//politics. people. com. cn/n/2014/1014/c1001－25826596. html。

达得很充分，他说："如果10多亿中国人也过上与美国、澳大利亚同样的生活，那将是人类的悲剧，地球资源根本承受不了，全世界将陷入非常悲惨的境地。美国并不想限制中国的发展，但中国在发展的时候要承担起国际责任。中国人要富裕起来可以，但中国领导人应该想一个新模式，不要让地球无法承受。"①

这段话的前半段说明了美国确立以中国为目标的"重返亚洲"政策的目的，后半段说明了对付中国的手段。也就是说，发展中的中国如果不能为比中国更为发展的西方让出资源的话，那中国就应当"让位"：要么像苏联那样被瓦解，要么自觉"低碳"。

但是，中国人眼中的中国低碳与美国人眼中的"低碳"中国是完全不同的。前者表达的是一个更为发展的技术概念，后者则是一个"去工业化"或"去工业化发展"的政治概念；前者是一个发展方式问题，后者则是一个发展道路问题。就近现代而言，工业力才是发展力的核心，国家间的竞争就是工业力的竞争。因此，剥夺一国的工业力，尤其是重工业能力便成了剥夺这个国家发展能力的关键。

---

① 薛牧青：《奥巴马言论在华人世界掀轩然大波》，http：/qnck. cyol. com/content/2010－05/15/content _ 3232167. htm。

1944年8月，时任美国财政部长亨利·摩根索向美国前总统罗斯福提出了一个“旨在在德国清除纳粹余孽的解除其工业化的激进计划”，罗斯福对此大加肯定。美国国务院还制定了一个计划要“使德国从依靠自身经济实力就可以发动战争的国家，变成一个必须能和世界经济协调发展的国家”①。《罗斯福传》的作者康拉德·布莱克说：“实施这个计划等于把7 000万德国人全都变成牧羊人、苹果园主和家禽饲养员。”② 显然，由“牧羊人、苹果园主和家禽饲养员”而不是大工业财团组成的国家经济，自然也就是目前西方人对南方国家要求的“低碳”经济，也就是奥巴马要求中国人“应该想”出的“新模式”。狼与羊比，羊比狼“低碳”，狼可吃肉，而羊只能吃草。西方人认为自己是可以“吃肉”的，但中国人最好改为“吃草”。这在中国显然是不能接受的，由此必然要与西方展开相应的斗争。

邓小平同志在改革开放之初就认识到这一点，他说：“整个帝国主义西方世界企图使社会主义各国都放弃社会主义道路，最终纳入国际垄断资本的统治，纳入资本主义的轨道。现在我们要顶住这股逆流，旗帜要鲜明。因为如果

---

①② ［加］康拉德·布莱克：《罗斯福传》，390页，北京，中信出版社，2005。

我们不坚持社会主义，最终发展起来也不过成为一个附庸国，而且就连想要发展起来也不容易。现在国际市场已经被占得满满的，打进去都很不容易。只有社会主义才能救中国，只有社会主义才能发展中国。”①

国家之事不可书生意气，大国经济在任何时候都是要政治挂帅的。林肯统一美国南北方时，其时南方的棉花比北方的工业品赚钱，经济效益好。短期看统一的成本与收益不成比例，但长期看，林肯给美国奠定了伟大的国基即统一的民族市场。毛泽东搞原子弹，短期看，投入成本与产出效益不成比例，长期看，中国得到了 30 多年的和平和安全的发展环境。因此，精明不是国际政治学的本质。研究国际政治的学者如果学成了账房先生，其学百害而无益。

中国尤其是新中国建立以来的经济发展是有明确的政治矢量的。今天的中国“比历史上任何时期都更接近中华民族伟大复兴的目标”②。围绕“两个一百年”即“在中国共产党成立一百年时全面建成小康社会”、“在新中国成立一

---

① 《邓小平文选》，第 3 卷，311 页，北京，人民出版社，1993。

② 习近平在参观《复兴之路》展览时的讲话，见《习近平总书记系列重要讲话读本》，http：//cpc.people.com.cn/n/2014/0703/c83083－25232910.html。

百年时建成富强民主文明和谐的社会主义现代化国家”① 的宏伟目标，在新的历史条件下深入研究中国经济的政治方向，意义重大。

马克思说过：“一个工业民族，当它一般地达到它的历史高峰的时候，也就达到它的生产高峰。实际上，一个民族的工业高峰是在这个民族的主要任务还不是维护利润，而是谋取利润的时候达到的。就这一点来说，美国人胜过英国人。”② 今天的美国已从“谋取利润”（即以争取利益为要务）的国家异化为“维护利润”（即以既得利益为要务）的国家，其曾经有过的“工业高峰”已异化为“军火工业”和金融业的高峰。今天的中国已替代当年美国“以争取利益为要务”的角色。从江涌同志的书中可以看到这一点。今天的中国人已胜过美国人。2007—2012 年，“美国经济学家几乎‘包揽’了诺贝尔经济学奖”③，但同时美国经济开

---

① 胡锦涛：《坚定不移沿着中国特色社会主义道路前进 为全面建成小康社会而奋斗——在中国共产党第十八次全国代表大会上的报告（2012 年 11 月 8 日）》，http：//www. xj. xinhuanet. com/2012 - 11/19/c _ 113722546. htm。

② 《马克思恩格斯选集》，3 版，第 2 卷，686 页，北京，人民出版社，2012。

③ “从 1901 年首设诺贝尔经济学奖到 2011 年为止，总计有 71 位美国公民单独或者分享了诺贝尔经济学奖。梳理 2007—2012 年，美国经济学家几乎‘包揽’了诺贝尔经济学奖”。见《美国人再次拿走诺贝尔经济学奖》，载《环球时报》，2012 - 10 - 16。

始患了“肾衰竭”，在危机中日益不能自拔，国力不振，政治上出现人民“占领华尔街运动”。

可喜的是，今天的中国学者，尤其是像江涌这一代青年学者的研究正在取代以往以“既得利益为要务”尤其是以西方国家的“既得利益为要务”的研究，他们深切地关注着中国自身的国家利益并“以争取利益为要务”，在历史进步的潮流推动下，他们在当代中国快速成长，这是中国的喜讯，这是中国人民的喜讯。

正义必胜!

和平必胜!

人民必胜!

张文木

2015 年 9 月写于“纪念中国人民抗日战争暨世界反法西斯战争胜利 70 周年”阅兵日

目 录

金融资本像细菌厌恶真空一样厌恶金融稳定，只有动荡才能投机获利。经济金融化刷新了美国的政府、市场、社会，美国的经济危机、社会危机、国家危机和霸权危机等已从周期性变为常态化。

发展中国家的莘莘学子奔向美国精心设置的自由主义灯塔——芝加哥大学，满腹新自由主义经纶、豪情万丈的“芝加哥男孩”却帮助祖国与魔鬼达成了交易，使其落入了“中等收入陷阱”。

农业和商业可以使国家富庶繁荣，但不能强大。经济强国无不以工业立国。城镇化是工业化的结果，工业化是信息化的前提，是国防现代化的基础。唯有经历工业化的洗礼，才有国家治理体系与治理能力的现代化的可能。

中国虽有“世界工厂”之名，却无昔日“世界工厂”之实。通过引进—引进—再引进，中国工业化出现了“两头重大”（基础性行业和加工业）、“中间薄弱”（关键零部件、重要原材料）的状况，即“头重脚重腰板软”。

国内外自由主义者试图将中国牢牢绑定在西方主导的国际分工的战车上，成为美帝国体系的附庸。他们竭尽全力以“华盛顿共识”来取代中国的“道路自信、制度自信与理论自信”，努力让中国通过各种“去工业化”方法来创造财富。

工业化强健筋骨，金融化积累脂肪。中国应更多地倾听“工业党”的建言呼声，约束金融利益集团的胡言乱语，更加鼓励工业资本，节制金融资本，实现制造业的升级换代，将独立、自主、完整的工业化坚持到底。

绪论

金融化与工业化

——两条不同的发展道路

工业资本与金融资本的斗争，从未停止。工业化还是金融化、经济自主还是经济依附，也曾困扰美国。历史经验表明，工业化需要在适度保护中成长；规制金融，节制资本，推进工业化，才能避免落入“中等收入陷阱”。

世界发展史表明，工业化是现代化的核心，是一国实现繁荣富强的关键，工业化带来的收入潮水可以浮起港湾内所有的船，催生培育中产阶级，令整个国民经济受益；金融化根本上是零和游戏，只能让极少数人获益而绝大多数人受损，让中产阶级蜕变为负产阶级，固化无产阶级，恶化赌场资本主义，强化新殖民主义，让相关后进国家成为先进国家的经济附庸。近几十年来，在参与国际分工的思想指导下，中国的工业化走上了非独立自主的发展道路。受新自由主义的误导，在工业化远没有完成的情形下，中国打开了城镇化、服务化尤其是金融化的魔瓶，国民经济出现了明显的虚热实冷迹象。当前，中国正面临去工业化、落入系列陷阱的危险，进而面临经济附庸化的危险。

金融化与工业化：两条发展道路的斗争

金融化与工业化对立统一于近代资本主义的发展进程。金融化与工业化两条发展道路的斗争是理解当今资本主义发展趋势的关键。金融资本凭借强大的资本实力与特殊的组织形式，取得了对工业资本的竞争优势，由此控制了西方社会与政府，而后利用大众舆论与国家政权，用金融化的逻辑来刷新经济、刷新世界，是谓经济金融化与金融全球化，由此逐渐形成了“国际金融资产阶级（集团）的核心—以美国为首的西方发达国家的中心—广大发展中国家的外围”这样一种不公正的国际秩序，广大发展中国家客观上面临成为国际金融资产阶级的奴隶以及西方发达国家的附庸的危险境地。

1. 商业资本、工业资本和金融资本

资本的本性就是追逐利润，哪里的利润率高就流向哪里，从流通领域、生产领域转移到金融领域，呈现明显的阶段性。与之相对应，资本主义具有商业资本主义、工业

资本主义和金融资本主义三种主要形态。

商业资本主义，从15世纪初到18世纪中叶的英国工业革命，为期约300年。威尼斯人、热那亚人、葡萄牙人、西班牙人、荷兰人等都曾热衷于商业贸易，但是这种贸易主要是面向落后地区的，在商业贸易乃至整个经济形态中，“占主要统治地位的商业资本，到处都代表着一种掠夺制度”①。商业资本是具有高利贷性质的生息资本，“有资本的剥削方式，但没有资本的生产方式”②，侵占和欺诈是商业资本获取利润的典型手段与特征。

工业资本主义，从18世纪中叶的英国工业革命到20世纪70年代资本主义世界出现的经济滞胀，囊括自由竞争资本主义及一般垄断资本主义，为期约200年。工业资本极大地提高了生产力，社会物质财富与精神财富被空前地创造出来。“资产阶级在它的不到一百年的阶级统治中所创造的生产力，比过去一切世代创造的全部生产力还要多，还要大”③。在追求利润的动机下，经济生活中的各类商品应有

① 《马克思恩格斯全集》，第25卷（上册），370页，北京，人民出版社，1974。

② 《马克思恩格斯全集》，第25卷（下册），676页，北京，人民出版社，1974。

③ 《马克思恩格斯选集》，3版，第1卷，405页，北京，人民出版社，2012。

尽有，与工业资本主义相适应的各种规则与秩序纷纷呈现，如时间是金钱，效率是生命，各类非政府组织成为社会基础。

工业资本主义的伟大成就是使生息资本从属于“资本主义生产方式的条件和要求”①。但是，20世纪70年代资本主义世界出现“滞胀”，对利润的追逐驱使资本不断向金融领域集中，生息资本的实力与势力得到前所未有的膨胀，成为现代金融资本。金融资本以它自己的标准对生产过程进行了重组，主导着企业的兼并与收购，并以所谓市场的力量迅速向社会与政府渗透，在逐步控制社会（舆论、大众）的同时，成功地把权力关进了由资本设计的制度笼子里（集中体现于新自由主义理论、政策与机制），主要资本主义国家纷纷被金融资本逻辑刷新，是谓金融资本主义。

2. 美国工业资本与金融资本的斗争

在资本主义社会，资本内部的对立统一，尤其是工业资本与金融资本之间的斗争，一直没有停止。作为宗主国与殖民地、曾经与现今最发达的资本主义国家，英美资本

① 迈克尔·赫德森：《从马克思到高盛：虚拟资本的幻想和产业的金融化（上）》，曹浩瀚译，载《国外理论动态》，2010（9）。

主义的传承与继起，完整地演绎了工业资本与金融资本的复杂斗争。从 1775 年独立战争到 2008 年金融危机，美国经济、社会与政治发展史始终贯穿着工业资本与金融资本、工业化与金融化两条发展道路的斗争。

美国建国伊始，就存在经济自主与经济依附、农业化和工业化与金融化的发展道路的分歧。由于受到英国（集中体现于亚当·斯密）的自由经济思想的深刻影响，以及以伦敦城为代表的金融资本的广泛渗透，美国的政治精英（包括以托马斯·杰斐逊为代表的开国元勋）对国家开办银行、节制金融资本一直持怀疑态度。由此，第一国民银行（1791—1811 年）以及第二国民银行（1816—1836 年）在到期后都没有被延续。这样直到 1863 年《国民银行法》通过，美国始终处于所谓自由银行时代，是金融资本发展的繁荣时期。在自由主义思想的照耀下，银行像野草一样疯长，出现了一大批“野猫银行”①。但是，这一时期，美国的主要矛盾，并不直接表现为工业资本与金融资本的矛盾，

---

① 美国俚语，指在偏远地区（有野猫出入）开设的银行。1836 年第二国民银行的特许经营被终止，各州只能根据本州立法机关的专门法案来批准银行。1837 年密歇根州率先采用自由银行制度，任何人只要符合那些相当一般的条件就能开办一家银行，并可发行银行券和接受存款。一些投机者有意将银行开设在偏僻地区，使客户难以将所持银行券向其兑现铸币，赚取不正当利益，这就是所谓的“野猫银行”。

而是集中于北方工业领域的民族资本与集中于南方农业领域的附庸买办资本（依附于英国金融资本）之间的矛盾，走独立自主的工业化发展道路还是走国际分工的农业化发展道路，成为美国社会政治斗争的主旋律。

南北战争（1861—1865 年）解决了独立自主与殖民依附的问题，为美国工业化扫清了经济（自由贸易）、社会（奴隶制）与政治（南方奴隶主阶级依附英国资产阶级）障碍，美国工业化迅速推进。到 19 世纪 70 年代，美国就已超过英国，成为世界第一大经济体。以电力的广泛应用、内燃机和新交通工具的创制、新通信手段的发明以及化学工业的建立为代表的第二次工业革命在美国进展得如火如荼，工业资本及其意识形态在国民经济与国家意志中占据主导地位，强调用关税保护市场借以保护工业资本成长的民族主义、国家主义，与英国鼓吹的自由主义、国际主义在国际上（同时体现在美国国内）形成鲜明对立。这段时期，美国经济上的保护主义与外交上的孤立主义是一致的。

但是，19 世纪后期 20 世纪初期的产业并购浪潮（形成垄断资本），使得以约翰·皮尔庞特·摩根（J. P. Morgan，1837—1913）为代表的金融资本的实力与势力快速提升，在政府权力操控、国家意志、经济发展以及对外交往等一系列政策上，与以安德鲁·卡内基（Andrew Carnegie，1835—1919）和亨利·福特（Henry Ford，1863—1947）为代表的工业资本的矛盾日益突出。最终，金融资本制造并利用金融危机（“1907年恐慌”），成功地把金融资本的意志上升为国家意志，进而把国家力量嬗变为金融资本的力量，其重要标志就是1913年美国联邦储备局成立，货币（美元）发行权由财政部移交给美联储，而美联储实质上是华尔街的代理机构，由此金融资产阶级窃取了美国的货币主权。“在资本主义制度中，掌握货币的人也就是最有权力和影响力的人”①，金融资本再次取得了对工业资本的竞争优势。

第一次世界大战期间，美国大发横财，美国工业资本与金融资本比翼齐飞，相安无事。战争结束时，美国已经从资本输入国变为资本输出国，从债务国变成了债权国，而且还是世界最大债权国。“大萧条”出现前十年，美国工业生产增长近一倍，美国工业的标志性行业——汽车制造业实际生产量从1919年到1929年增长

① 乔治·索罗斯：《开放社会：改革全球资本主义》，167页，北京，商务印书馆，2001。

了255%，汽车数量从1921年的1 050万辆增至1929年的2 600多万辆，1929年资本主义世界使用的汽车81%是美国制造的。① 由此出现了所谓的“柯立芝繁荣”(1923—1929年)。但是，经济繁荣背后潜藏着日益严重的结构失调：金融资本势力扩张导致虚拟经济——股票市场的日益膨胀。金融寡头操纵证券交易，操控舆论，把社会各阶层——汽车司机、小业主、店员、主妇甚至学生——都吸进了证券市场，渐趋疯狂地追逐股票价值上涨，金融泡沫越吹越大。然而，色彩斑斓的肥皂泡终究要破灭，经济学家鼓吹的“永久繁荣时代”在1929年10月23日迎来了终结，股票市场坍塌，犹如拦洪堤坝决口，冲垮了沉浸在泡沫中的各类金融机构，然后席卷了各个经济部门，整个美国经济濒临崩溃。

金融资本、金融寡头是“大危机”的主要肇事者，“大危机”引致“大萧条”，产生“大冲击”，终结了“镀金时期”(gilded age)。自由主义经济学家灰头土脸，古典自由主义者身败名裂。代表工业资产阶级的富兰克林·德拉诺·罗斯福(F.D. Roosevelt，1882—1945，美国第32任

① 吴玉廑、齐世荣:《世界史：现代史编》(上卷)，153页，北京，高等教育出版社，1994。

总统）上台后，基本上终结了古典自由主义理论与自由经济政策，代之以凯恩斯主义与干预经济政策，以霹雳手段打击金融资本（有诸多专家分析，这正是华尔街转向支持纳粹的政治背景）。1933 年通过《格拉斯-斯蒂格尔法案》（简称 GS 法案），严格禁止商业银行从事投资银行业务，尤其是证券承销和自营买卖业务，严禁商业银行和从事证券业务的机构联营或人员相互兼职。罗斯福政府在对金融资本实行抑制与打压的同时，积极鼓励与支持工业资本的发展，把福特其人及其所代表的汽车业树立为美国社会发展乃至国家振兴的典范。“罗斯福新政”为美国工业资本拓展了发展空间，也为美国经济社会迎来新的繁荣，美国开启了一个所谓的“伟大社会”时代。

然而，金融资本与金融寡头不甘心他们的失利，在经济、社会乃至政治、思想等各个相关领域积累能量，等待咸鱼翻身的良机。20 世纪 70 年代，西方世界的普遍滞胀使凯恩斯主义愈发式微，以恢复古典自由主义为主要内容的新古典自由主义即新自由主义，以螺旋上升的方式，让自由主义在重构中复辟。1980 年，作为金融资产阶级代理人的罗纳德·威尔逊·里根（R. W. Reagan，1911—2004，美国第 40 任总统）赢得了美国大选。在 1981 年就职典礼上，里根急切表白："政府并不是解决问题的方法，政府本身才是问题所在。"里根政府的整个施政理念集中体现为"里根经济学"，实际上是以拉弗、费尔德斯坦等为代表的供给学派理论。供给学派极力鼓吹"资本优先"，主张国家的收入分配、税收财政政策向资本倾斜，并以刺激资本投资、增加供给的名义，主张降低资本所得的边际税率。里根在位时期实践了新自由主义的减税、去监管、削减政府开支三大标志性政策，削减了食物券、住房补助、教育津贴、医疗救济等一般社会福利的支出，努力使政府变小，把政府权力关进制度的笼子里，放松监管，增加金融垄断资本的自由。"美国真正开始放松行业监管是在 20 世纪 80 年代里根执政期间。从那时放松对交通业的管理法规开始，美国政府对银行、电信、能源和媒体的监管在接下来几十年发生了巨大变化。"①

工会是社会力量的重要组成部分，里根政府在削弱政府权力的同时，以铁腕手段镇压工人运动（如 1981 年对美国职业航空交通管制工会发起罢工运动的镇压），打击、肢解、改造各种有组织的社会力量。由此开启用

---

① 斯蒂芬妮·基希格斯纳：《50 Ideas：放松监管》，见 FT 中文网，2013-08-07。

“铁扫帚”——休克方式——积极推进新自由主义政策的先河，巩固金融资本在美国的政治统治。金融资本借助政权力量，全面深入地向经济领域渗透，企业管理由多年来的“企业利润最大化”向“股东利益最大化”转变，由此导致越来越多的企业更像一个金融公司而不是生产实体，企业利润越来越倚重于金融资产运营。例如，在美国几大汽车集团中，汽车金融公司的车贷经营业务早已超过汽车制造业务，成为集团的主要利润来源，通用汽车金融公司的利润近年来一直占通用汽车集团利润总额的50%以上。

美国企业——国民经济的微观基础——纷纷走向金融化，导致国家产业空心化，利润的源泉愈发枯竭，国家债务迅速攀升，财政悬崖日趋逼近。为持续获取利润，金融资本积极推动经济金融化由生产者转向消费者，各类消费信贷层出不穷，家庭金融化的结果是家庭负债迅速攀升，房奴、卡奴纷纷涌现。华尔街金融化不仅通过资产证券化广泛影响了中产阶级，而且通过债务证券化广泛渗透了无产阶级，由此出现了日趋庞大的次级债券产品，最终引爆了2007年次贷危机以及2008年国际金融大危机。次贷危机显然是金融资本惹的祸，社会期待工业资本利用大危机，实现政治轮替的机会。代表民主党角逐总统大位的奥巴马，在竞选时信誓旦旦要严厉惩治华尔街肥猫，力促美国“再工业化”。但是，等到 2008 年大选获胜后，新总统最终“只是抓住华尔街的衣领摇晃了几下，然后在耳边悄声地说‘就这么干’”。实际上，以华尔街为代表的金融资产阶级通过“两边下注”牢牢控制了民主与共和两党，进而控制了美国政治。美国的经济乃至社会和政治被金融资本的逻辑全盘刷新，即金融化渗透到美国的方方面面，美国早已不再是独立战争后那个生机勃勃、奋发向上的美国，美国沉沦了。

3. 世界范围内的工业资本与金融资本的斗争仍在继续

当今世界霸主美国已被金融资本牢牢控制，工业资本的反击软弱无力，昔日美国的经济活力被窒息，思想文化被钳制，社会两极分化，阶层固化，美国梦断。金融资本不仅控制美国以及另一个曾经的世界霸主英国，而且还要控制更多的国家，进而控制全世界。近几十年来，金融资本凭借其强大的资本实力与特殊的组织形式，挟持英美等国政权以及秉持新自由主义意识形态，在世界广大地区保持着对工业资本、社会大众乃至各国政府咄咄逼人的进攻态势，试图用金融化的逻辑来刷新世界，努力将固有的“中心—外围”的国际秩序，打造成为“核心—中心—外围”的世界秩序。很显然，在这一世界秩序中，作为“外围”的广大发展中国家在不改变作为西方发达国家（“中心”）的附庸的同时，而进一步沦落为国际金融资产阶级（“核心”）的奴隶。

然而，金融资产阶级（集团）的如意算盘能否实现，要取决于多重因素。首先，在美英国家内部，工业资本与金融资本的斗争仍在持续。2007 年美国次贷危机与 2008 年国际金融危机是资本主义世界的一次周期性、结构性、系统性危机。危机发生后，金融资本及其政权代理人努力转移风险、转嫁危机，由此引发了华尔街金融机构与一般企业、金融家与普通民众、政府与纳税人之间广泛而深刻的对立，加剧了工业资本与金融资本之间的固有矛盾，“再工业化”在美英等“去工业化”国家中形成了一股日趋强大的声势。其次，在欧洲大陆，在东亚，尽管金融资本发动一波又一波的凌厉攻势，但是工业资本仍然顽强地坚守着自己的地盘；在斯堪的纳维亚国家，在德国，在日本，工业资本由于得到工会等社会力量的支持，迄今依旧保持着对金融资本的竞争优势，金融被局限在为工业等实体经济提供服务的发展空间内。最后，在广大发展中国家，金融资本更多的是外来势力——国际金融资产阶级（集团）的代理资本，民族工业资本十分软弱，但是随着国际金融资本的扩张，主张独立自主的国家主义力量与奉行依附殖民的买办代理力量之间的矛盾不断激化，在这种斗争中倘若民族工业资本善于搞统一战线，善于动员社会力量与政权健康力量，那么金融资本的扩张（即金融国际化与金融自由化）将因阻力强大而遭受挫折。

近代以来，资本（钱力）—政府（权力）—社会（民力）相互制衡，构成国家治理的“稳定三角”。金融资本企图控制政府与社会，垄断统治世界。工业资本与金融资本的斗争，客观上理应得到政府（权力）以及社会（民力）的支持，因此现在就预言金融资本及金融资产阶级的胜利为时过早。在广泛的资本主义世界，工业资本与金融资本的斗争仍在继续。可以说，金融资本与工业资本对立统一于资本主义的历史发展进程，金融化与工业化两条发展道路的斗争是理解当今资本主义发展趋势的关键。

金融化必然导致殖民化与附庸化

马克思指出："资本主义生产的动机就是赚钱。生产过程只是为了赚钱而不可缺少的中间环节，只是为了赚钱而必须干的倒霉事。{因此，一切资本主义生产方式的国家，都周期性地患一种狂想病，企图不用生产过程作媒介而赚到钱}。"① 资本主义发展到金融资本主义阶段，主要资本主义国家——掌握最先进金融工具与最强大金融机构的国家——就可以省去"必须干的倒霉事"，"不用生产过程作媒介而赚到钱"。为了轻松赚取更多的钱，就必须用金融资本的逻辑对整个国民经济进行格式化，这就是所谓的经济金融化，通过金融游戏，将秩序与规则直接兑换为利润与金钱。

1. 现代金融的艺术性远大于科学性

金融化是金融市场、金融机构以及金融业精英对经济

① 《马克思恩格斯全集》，第 24 卷，68 页，北京，人民出版社，1972。

运行和经济管理制度的重要性不断提升的过程，是金融资本对实体经济持续渗透、融合与操纵的过程，是金融资产阶级用金融资本的逻辑对整个国民经济进行格式化的过程。随着经济金融化的推进，“经济活动的重心从产业部门（甚而从诸多正在扩大中的服务业部门）转向金融部门”[①]。约翰·福斯特将金融化定义为资本主义经济重心从生产向金融的长期转变，其转变包括以下一些基本指标：第一，金融利润占总利润比重的不断上升；第二，不断上升的债务/GDP 比例；第三，FIREs（即金融、保险与房地产）占国民收入份额不断增长；第四，舶来的和不透明的金融工具的不断扩散；第五，金融泡沫的不断膨胀。[②]

早在 17 世纪，威尼斯金融家首创泡沫经济骗局，就是把相关资产价格拼命炒高，诱骗当地市场投资者跟风追涨，金融家获利后突然撤资，使泡沫破灭，迫使套牢者恐慌抛售，等相关资产价格大幅下跌后，金融家再杀个回马枪，实施廉价收购。这就是著名的“威尼斯骗局”。后世的各类金融骗人把戏，都可溯源到威尼斯金融家的“垂范”。17 世

---

① ［美］约翰·贝拉米·福斯特：《资本主义的金融化》，王年咏、陈嘉丽译，载《国外理论动态》，2007（7）。

② J. B. Foster, “The Financialization of Accumulation,” *Monthly Review*, 2010, 62（5）.

纪 30 年代荷兰郁金香事件，18 世纪 20 年代英国南海泡沫事件，主要也是金融资本兴风作浪的结果。因此，金融化进而泡沫化不是金融资本主义社会所特有的，有金融资本抑或有金融家就会有金融化、泡沫化，只是在金融资本主义下伦敦城、华尔街的银行家将金融化玩到了极致——将一个个主权国家玩于股掌之间，将整个国际经济体系玩到近乎崩溃的边缘。

经济金融化首先损害的是金融资本的宿主——金融资本发育成长的母国。美国资本主义黄金时代孕育成长的福特主义，代表着工业资本，本质上必须形成资本家与工人——谁也离不开谁——的利益共同体，劳资间斗争与合作构成经济社会的主旋律。在这一矛盾相互作用的历史进程中，工业资本的社会责任感（如福特 T 型车的大获成功）推动企业创造出价值与使用价值，进而推进国民经济增长与社会进步。然而，与工业资本不同的是，生息资本而后金融资本无视乃至蔑视社会责任，过去的银行家以及而今的金融家在经营与投机时并无什么道德羁绊，所谓无德一身轻。英国著名戏剧大师莎士比亚笔下的“威尼斯商人”中的夏洛克，就是对银行家的一个典型而生动的文学刻画，迄今仍不失现实映射与讽刺意义。著名金融投机大师乔治·索罗斯曾经反复强调："我决没什么错。人们很难理解这一点，因为我在金融市场进行投机，是按照通行的规则来做的。如果禁止投机，我也不会投机；如果允许投机，那我就会投机。所以我实际上是参与者，一个金融市场的合法参与者。我的行动无所谓道德或不道德，这里没有所谓的道德问题。"[①] 实际上，整个经济金融化程序，就是一整套游戏规则（多半以法律的形式体现出来），正是金融资产阶级自己或通过政权代理人制定了这些游戏规则。

这个喜欢哲学思考的金融投机家——索罗斯——对金融有着不同一般的深刻理解，"理性预期理论认为，按照定义，市场总是正确的；但我认为，金融市场几乎总是错误的，只不过在一定的限度内它有自我验证的能力罢了"[②]。很显然，投机大师否定了新自由主义者一贯所鼓吹的市场正确性，实际从根本上否定了金融资本乃至于现代经济学的固有逻辑。建立在一般均衡意义上的竞争机制、价格机制、供求机制，在追涨杀跌的现代金融市场中要么全部失灵，要么成为特例。现代经济学中貌似科学（多年

① 《深度对话索罗斯：我的投机与道德无关》，载《羊城晚报》，2009-06-17。

② 乔治·索罗斯：《开放社会：改革全球资本主义》，80页，北京，商务印书馆，2001。

来以“经济科学”称谓）的理论，最终也未能将现代金融（学）打造成一门真正的科学，而是改造成为一门艺术，仿佛一门赌博的艺术、行骗的艺术。最起码，现代金融的艺术性要远大于其科学性。经济金融化就是金融资本试图把整个经济物品（各类商品与服务）变为艺术品，其价值与价格可以严重分离，如今已经分离到十分不靠谱的境地。

现代金融远远背离了传统金融的存在与发展宗旨，即为实体经济服务，为创造价值服务，出现了严重异化，即独立并控制实体经济，罔顾实际价值而直接作用于资产价格，将以钱生钱的游戏发展到极致。现代金融远远背离了金融家与金融学家所宣称的各种积极意义，从所谓服务实体经济、促进经济增长、增加就业的工具，蜕变为投机者赌博的工具，成为金融寡头猎杀各类投资者、市场主体的工具，成为金融资产阶级实行新殖民主义统治的工具。

2. 金融化使美国成为“半殖民地”

从美、英等国的金融化实践来看，经济金融化的结果必然导致一国的国民经济“去工业化”以及产业空心化，整个经济基础愈发脆弱，从而令资本主义危机呈现常态化，从时有发生到随时发生。在时而不时的危机中，美国这个当今不可一世的霸权国家，竟然沦落为国际金融资产阶级（集团）的“半殖民地”。

经济金融化，金融赌场化，赌场社会化。经济金融化导致美国经济日趋泡沫化。依照不同口径计算，美国虚拟经济是实体经济的数倍、数十倍甚至数百倍。次贷危机爆发前，美国GDP不到14万亿美元，而各类金融资产最高达到GDP的440倍，美国经济出现严重泡沫化。企业、机构等各类市场主体日益依赖金融游戏，以钱生钱，投机逐渐取代了投资，成为日益显著的经济活动。金融投机一方面由单一化趋于立体化，如外汇投机就有即期外汇、远期外汇、外汇互换、外汇期货、外汇期权等；另一方面愈发严重的杠杆化，以小搏大、以少搏多的金融赌博掀起一波接一波、一浪高一浪的投机热潮，从而放大了金融市场的波动性。机构与大众几乎都成了赌徒，金融资本主义也由此蜕变为“赌场资本主义”①。

产业空心化，经济泡沫化。经济金融化既广且深地改变了美国的经济结构，虚拟经济膨胀，实体经济萎缩。根

① 斯特兰特：《赌场资本主义》，北京，社会科学文献出版社，2000；王小强：《投机赌博新经济》，香港，大风出版社，2007。

据美国经济分析局的统计资料，自 1950 年以来，金融、保险、房地产业在美国 GDP 中所占份额由 1950 年的约 10%持续上升到 1990 年的约 18%，首次超过制造业，2005 年达到约 25%，到次贷危机爆发前的 2007 年，更是达到历史高点，约 30%。与此同时，实体经济在美国 GDP 中所占份额不断下降，1950 年为 61.78%，2007 年则为 33.99%，其中同期的制造业由 27%下降为 11.7%。日趋严重的产业空心化使得经济体系的内在不稳定性不断增加。普遍的金融投机以及家庭、企业与政府的过度负债，推动国民经济尤其是房地产市场和股票市场走向“非理性繁荣”，由此制造出一个又一个而且一个比一个更大的经济泡沫，一旦泡沫破灭，经济衰退就不可避免。

中产阶级坍塌，社会两极分化。经济金融化导致国民收入分配愈发有利于金融机构和金融寡头、高层经理。与此同时，随着工会组织的削弱和集体谈判工资合同能力的下降，工人的工资和大众福利不断削减，两极分化日趋严重。自 1980 年以来，美国的收入不平等开始快速扩大。“前 10%人群”（对应“资产阶级”）的收入比重从 20 世纪 70 年代的 30%～35%，上涨到 21 世纪伊始的 45%～50%，提升了 15 个百分点。[①] 在金融危机爆发的 2008 年，“前 10％人群”的收入略超过美国国民收入的 50％，而 90％人群分享另外不到 50％的国民收入。2007 年，美国《福布斯》400 人的财富几乎等于美国社会最底层 50％人群（对应“无产阶级”，大约 1.5 亿人）的财富总量（1.6 万亿美元）。[②] 值得注意的是，收入的减少不是均匀的，而是集中于“40％的人群”（对应“中产阶级”），由此导致战后出现的“中产阶级”集体性坍塌。美国社会由橄榄形或纺锤状向“M 型”蜕变，贫富对立与阶级对立凸显，“占领华尔街”的社会运动由此生成，社会危机日趋严重。

国家认同危机愈发严重。经济金融化与产业空心化使美国企业生产、居民消费、政府税收等整个国民经济活动越发倚重于金融。金融资本无祖国，而被金融资本逻辑刷新的企业、居民与政府（尤其是地方政府）对于祖国也日益淡薄与冷漠。企业跨国逃税，富人海外移民，政府官员懒政，司空见惯且愈发严重；国家财政愈发困难，财源枯竭已经成为美国的“国家危机”。美国著名学者塞缪尔·亨

① 托马斯·皮凯蒂：《21 世纪资本论》，282 页，北京，中信出版社，2014。

② 张茉楠：《美国金融资本主义危机拉响警报》，载《中国财经报》，2011－10－18。

廷顿在《我们是谁？——美国国家特性面临的挑战》一书中指出，一个语言——英语、一个宗教——基督教、一个民族——盎格鲁为主体的美利坚，是美国得以作为统一国家存续的关键，然而自第二次世界大战以来，随着信奉天主教的西班牙裔的拉美移民的大量进入与繁衍，美国由此产生了文化与种族的多元化，“两个民族、两种文化和两种语言”正日益严重地威胁着美国国家的认同。如今，经济金融化将潜藏在国家中的经济矛盾、社会矛盾、政治矛盾日益上升到种族矛盾（如西班牙裔与黑人的失业率、贫困率明显高于白人），有鉴于此，美国国家认同危机比历史上任何时期都要突出，而且愈发严重。

实际上，千百年来，金融资本一直没有自己的祖国，从威尼斯、热那亚到西班牙、葡萄牙，而后再到荷兰，再进驻英国伦敦城、美国华尔街，所有这些昔日的城邦与后来的民族国家只是它们的宿主，是它们谋求利益的平台与工具。千百年来，金融资本一直在世界各地游荡，哪里有高利润就流向那里，渐进地控制当地的社会与政府，不断壮大自己的实力与势力，形成一个强大的跨国金融资本集团，成为一类超国家的经济体与政治体，由此逐渐碾平世界，掌控着越来越多的民族国家。金融借助于现代资本主义，已经实现了从高利贷商向银行家、从流浪汉到猎杀队的华丽转变，如今实际上已经成为世界的超级统治者。有鉴于此，美国的经济金融化实实在在走上了一条邪路。“今天的美国已从早期民族主义国家蜕变为华尔街金融资本控制的国家，已从一个拥有独立主权和独立自主外交能力的国家，转变为由国际财团控制的半独立甚至具有‘半殖民地’性质的国家”①。美国只是国际金融资产阶级（集团）的一个暂且能够供给养分的宿主，一个可以依之碾平世界的工具。一旦美国的养分耗尽，工具的使用价值殆尽，国际金融资产阶级（集团）就像脱去破旧衣服一样抛弃美国，西班牙、葡萄牙等国早就提供了先例。

3. 金融化使后进国家成为先进国家的附庸

今日美国俨然成为金融资本的天堂，华尔街的银行家俨然成为立在针尖的天使。工业资本统治下，美国创造了诸多世界辉煌，赢得了世界的尊敬，美国梦风靡天下。金融资本统治下，美国不断丧失过去的荣耀，美国梦断，美国由昔日的资本主义世界灯塔，一举沦落为展示资本主义

---

① 张文木：《为何说“美国是半殖民地国家”》，载《中国国防报》，2013-05-07。

弊端的橱窗。

著名马克思主义理论家、女革命家罗莎·卢森堡认为，资本主义总是以非资本主义存在为前提。剥削掠夺落后地区内在于资本主义制度，因此殖民主义成为资本主义发展的必然。然而，到了金融资本主义发展阶段，产业空心化，资本丧失了利润的源泉，因此客观上更需要非资本主义的存在。集中于华尔街的国际金融资产阶级（集团）以美国为平台和工具，借助美元（跨国公司）、美军（武装力量）、美谍（情报机构），不断向世界扩张，将越来越多的国家和地区，变为金融资本盘剥的对象，变为西方发达国家的附庸。于是便有了在经济金融化、金融自由化基础上的金融国际化。

第二次世界大战后，殖民地的民族解放运动风起云涌，“民族独立革命不可阻挡”。于是，从20世纪50年代后期开始，西方殖民宗主国从旧殖民主义转变为新殖民主义，主要方式有：政治上，在新独立的发展中国家积极培养代理人；经济上，继续使发展中国家充当原料产地、销售市场和投资场所。即“法律上的政治殖民化”被“事实上的经济殖民化”代替；名义上，政治获得独立，实际上，经济处于依附。“新殖民主义的实质是，在它控制下的国家从理论上说是独立的，而且具有国际主权的一切外表。实际上，它的经济制度、政治政策，都是受外力支配的"[①]。"新殖民主义是以大财团控制名义上取得独立的国家作为基础的"[②]。

新殖民主义一开始用贸易、投资把发展中国家纳入西方国家主导的国际分工体系，在该国际分工中，发达国家处于设计、专利、核心制造、营销的"微笑曲线"高端，而发展中国家则处于代工制造（组装贴牌）的"微笑曲线"的低端。随着金融资本在美、英等发达资本主义国家内占据主导地位，在完成国内经济金融化——所谓"去工业化"与"后工业社会"之后，金融垄断资本操控国家政权以及国际组织，以所谓"华盛顿共识"向一个个发展中国家尤其是新兴市场施压，以使其金融开放，其中最为关键的是资本账户开放与货币自由兑换。

自由主义是工业资本主义的意识形态，体现了工业资产阶级（集团）的意志，工业资产阶级借助自由主义（理论与政策），推进国际分工与贸易自由化；新自由主义是金融资本主义的意识形态，体现了国际金融资产阶级（集

---

① 克瓦米·恩克鲁玛：《新殖民主义：帝国主义的最后阶段》，1页，北京，世界知识出版社，1966。

② 同上书，33页。

团）的意志，金融资产阶级借助新自由主义（理论与政策），推进金融自由化。新殖民主义推销员，“他们手中拿的是计算器而不是枪支；他们穿的是上班时的服装，而不是战斗服装；他们宣传的是自由市场经济的福音，而不是传教的福音。新殖民主义者是以世界银行和国际货币基金组织为首的国际捐赠者，但也包括西方各国大使馆、商业银行和新兴的非政府组织人员。他们并不大事声张，也不使用枪炮，便在发展中国家里扩张了势力，这种势力要比任何武力所达到的大得多和阴险得多”①。在新殖民主义推销员推销的一揽子“华盛顿共识”的新自由主义政策中，经济金融化是核心内容，是金融资本主义的主导经济政策。

资本主义以非资本主义存在为前提，西方发达国家骗子恰恰也是以发展中国家傻子的存在为前提的。广大发展中国家在经济金融化、金融自由化能增进资源配置、促进经济增长的海妖歌声的诱惑下，相信并接受新自由主义。新自由主义便在相关发展中国家落地生根、发芽成长、开花结果。“当发展中国家向全球资本的动物本性敞开胸怀的

① 《新殖民主义》，载美国《新闻周刊》，1994－08－01，参见《参考消息》，1994－07－31。

时候，它们与魔鬼达成了一笔交易。”[①] 如此，继发达国家之后，国际金融资本逻辑开始刷新相关发展中国家的理论与政策，金融资本开始渗透相关发展中国家的每一个领域，经济金融化便在世界范围内浩浩荡荡近乎成为一种潮流。西方发达国家“要求广大发展中国家特别是社会主义国家推行新自由主义改革模式和经济政策，取消国家对经济生活的管理特别是计划管理，洞开国内市场，与西方国家牢牢控制的世界经济接轨，其目的无非是要在发展中国家恢复殖民主义统治，在社会主义国家搞和平演变，演变为资本主义，或外围资本主义”[②]。

经济金融化与金融自由化使得经济危机越来越集中于金融危机，而金融危机越来越集中于汇率危机。为应对汇率危机，防范经济与社会动荡，发展中国家尤其是新兴市场不得不增加外汇储备。全球 12 万亿美元外汇储备，60%以上是美元，70%以上由发展中国家持有，由此产生日趋严重的对美元、美国金融市场、美国金融机构的依赖——实质是依附，故而落入所谓的“美元陷阱”。经济金融化使

---

① 参见苏珊·斯特兰奇：《疯狂的金钱》，128 页，北京，中国社会科学出版社，2000。

② 陈岱孙：《西方经济学与我国社会主义经济改革》，载《求是》，1996 (2)。

广大发展中国家牢牢地固定在“核心—中心—外围”的世界秩序中，成为“核心”——国际金融资产阶级（集团）的奴隶，成为华尔街持续盘剥的对象，成为“中心”——以美国为首的西方发达国家周期性转移风险、转嫁危机的对象，由此落入了所谓的“中等收入陷阱”。无论是“美元陷阱”，还是“中等收入陷阱”，本质上都是“新殖民主义陷阱”。

持续推进工业化是中国战略抉择

自阶级国家形成以来，国家之间的竞争（白热化体现为战争）一直存在。近代以来，尤其是西方开启资本主义文明以来，民族国家之间竞争日趋激烈，由此爆发了两次世界大战，区域与次区域战争更是不计其数。落后国家在国际竞争中通常处于被动挨打地位，因此争取或保持先进性成为国家治理的主要目标。从世界发展史来看，国家先进性就是要实现现代化。就发展中国家而言，实现现代化是毋庸置疑的国家战略，而现代化的核心是工业化，在发展的系列硬道理中，工业化是最硬的道理。20 世纪 80 年代后，在参与国际分工的思想指导下，中国的工业化走上了非独立自主的发展道路；近年来，受新自由主义的误导，在工业化远没有完成的情形下，中国打开了城镇化（实乃房地产化）、服务化尤其是金融化的魔瓶，国民经济出现了明显的虚热实冷迹象，中国正面临去工业化危险，面临落入系列陷阱的危险，进而面临经济附庸化危险。

1. 工业化是实现国家富强的关键

工业化给国民经济带来的不仅是量的增长，还有质的改善。经过工业化，各行各业的生产效率都会有显著提高。"工业化带来的收入潮水可以浮起港湾内所有的船"，著名经济学家、"德国经济民族主义之父"弗里德里希·李斯特对工业化的神奇功效作了鲜明注解，"工厂和制造业是催生国内自由、智慧、艺术与科学、国内外贸易、航海、改善交通、文明以及政治力量的原因，是冲破农业的枷锁使其重获自由并提升其商业地位的手段，它使租金、农业利润和工资大获增长，使土地财产大量增值"①。"制造业对国内贸易、国家的文明和实力、国家独立自主地位的维护以及

① ［德］弗里德里希·李斯特：《政治经济学的国民体系》，邱伟立译，105页，北京，华夏出版社，2009。

对由此取得的物质财富的能力等方面都有影响。”①

在欧洲，英国原本是一个不起眼的蕞尔小国，长期受欧洲大陆强国的欺凌，甚至还有北欧海盗的不时骚扰。有鉴于此，聪明的英国统治阶级励精图治，以发展工业来富强国家。“每一个欧洲大陆国家都是这个岛国的老师，它的每一种工业技术都是向这些国家模仿得来的，它学会了以后就把这些工业建立在自己的国土上，然后在关税制度下加以保护，促使它们发展。威尼斯在玻璃制造技术上（还有其他许多奢侈品制造业）不得不甘拜下风；波斯对于地毯织造与染色的技术终于不得不放弃。”②

英国以工业实现富强的同时，全力遏制潜在对手（包括自己的殖民地）发展工业、推进工业化。1815 年英国国会议员亨利·布鲁阿姆勋爵公开宣称：“为了将外国工业扼杀在摇篮里，英国工业品出口就是有些损失也是值得的。”③另一位国会议员休谟则叫嚷：“大陆工业应趁其蓓蕾之时加以剪除。”④英王明令，在北美殖民地区就是一只马蹄钉也

① ［德］弗里德里希·李斯特：《政治经济学的国民体系》，邱伟立译，165 页，北京，华夏出版社，2009。

② ［德］弗里德里希·李斯特：《政治经济学的国民体系》，陈万煦译，45 页，北京，商务印书馆，1982。

③ 同上书，90 页。

④ 同上书，91 页。

不准制造。北美殖民地区的一切工业都垄断在英国手里。

在美国独立之后，英国的著名理论家亚当·斯密和法国“资产阶级庸俗经济学家”萨伊都断言，美国“就像波兰一样”，注定应当经营农业①。两位理论家认定，“在美国以极低代价可以获得最丰饶的耕地，情况既然是这样，美国人民就生来是被老天指定专门从事农业的。美国人民就能这样老老实实地服从造物主的安排，在这一点上诚然是对他们作了很大的赞扬，事态若果是如此演变，自由贸易原则在这里就可以获得极其圆满的应用，就可以为这些理论家提供一个理想的范例”。“据说像美国这样一个国家，还有着无限广阔的膏腴之地没有开垦，工资又这样高昂，要充分利用国家的物质财富与增加了的人口，再没有比发展农业更好的方法；而且农业有了充分发展，工业到那时自然会跟着兴盛起来，更无须用人为方法督促；如果美国使工业作不自然的发展，不仅将损及久已享有文明的那些国家，而且受害最大的就是美国自己。”② 可以看出，原宗主国英国对新生美国的发展道路是如何关切。

---

① ［德］弗里德里希·李斯特：《政治经济学的国民体系》，陈万煦译，102页，北京，商务印书馆，1982。

② 同上书，103页。

托马斯·杰斐逊等美国开国元勋们最初听信了英国理论家的自由经济学说以及发展农业的建言，设想美国建国的目标就是一个富足的农业国。的确，建国后三十年的自由经济使美国变得相当富庶繁荣。然而，第二次英美战争（1812—1814年）爆发后，英军很快占领了华盛顿，第一夫人从窗户落荒而逃，总统办公楼被英军放火焚烧，烟熏火燎漆黑一片，事后粉刷成白色，“白宫”由此得名。正是因为有了惨痛的血与火的教训，美国政治精英幡然醒悟，自由经济可以使国家一时富庶繁荣，但是不能强大，无法抵抗强敌入侵。在痛定思痛中，美国毅然决然选择了独立自主的工业立国的道路。“国家建立了工业以后，一切精神力量、政府收入、国防事业的物质和精神手段以及国家独立自主的保证这些方面，都会作等比例的增长。”①

工业化不仅能富国强兵，改变国家，而且能根本性地改变并塑造人，即便是一个普通人也能够拥有一个不同于传统的全新的生活。李斯特用乡间地主生活的变化生动地描述了这一变迁，“有些地主以前从农奴悲惨的劳动中获得了些微薄收入，勉强维持一种简陋的乡村生活，他们唯一

① ［德］弗里德里希·李斯特：《政治经济学的国民体系》，陈万煦译，203页，北京，商务印书馆，1982。

的乐趣是养马、驯狗和打猎，对这类娱乐的任何干扰就会令他们不满，被认为是对他们这些土地主人的尊严的冒犯；现在，地租（自由劳动的产品）的增加使他们能够在城市里度过他们一年中的一段时光。在城市里，通过观看戏剧、欣赏音乐、接受艺术熏陶和读书看报，他们因此变得风度优雅；通过同艺术家和博学人士的交往，他们学会了推崇智慧和才能。他们从猎人变成了雅士"①。工业化更深刻地改变了人与人之间的关系合成——社会，一个社会是否经历过成功的工业化，有着质的差异。"在纯农业国家，人们普遍心灵麻木、肢体笨拙，顽固地坚持旧观念、旧习俗、旧方法，缺乏文化、繁荣和自由；与此相反，在制造业和商业国家，处处充满着不断追求身心满足、不断赶超和不断追求自由的精神。"②

2. 中国的工业化仍未完成

多年来，在"不求所有，但求所在"的思想指导下，从中央到地方，从沿海到内陆，政府的首要任务就是迅速

---

① ［德］弗里德里希·李斯特：《政治经济学的国民体系》，邱伟立译，151页，北京，华夏出版社，2009。

② 同上书，144页。

把 GDP 搞上去。当然，不容否认，在“唯 GDP 主义”下，中国的经济建设取得了巨大成绩。GDP 达到世界第二，美国建国后用了 100 多年，日本从明治维新开始也用了 100 多年，新中国只用了 60 年的时间就坐二望一。如今，世界都在关注中国赶超美国的时点。华尔街机构高盛起先认为是 2027 年，后来修正到 2019 年或 2016 年。2014 年 4 月 30 日，世界银行更新数据，认为中国已经超过美国成为世界头号经济体。由于存在很多重复建设，产品低端同质恶性竞争，国内外市场需求很快就一个接一个趋于饱和，由此导致产能严重过剩。有鉴于中国 GDP 的快速提升以及产能严重过剩，一些学者专家得出结论，中国的工业化已经完成，未来面临的主要任务是产业转型升级，大力发展服务经济，尤其是着力于城镇化与金融化。

工业化国家、工业化社会发展的一个重要尺度，就是时间、效率概念。英国人常说，“时间就是金钱”，“争取时间就是争取利润，丧失时间就是丧失资财。工业家尽可能地利用时间的这种热情会逐渐传给农民”①。

新中国建立后，中国嫁接苏联的工业化，由于多种条

① ［德］弗里德里希·李斯特：《政治经济学的国民体系》，陈万煦译，197 页，北京，商务印书馆，1982。

件限制，仅集中于少数“发达”地区以及少数“中心”城市。改革开放以来，由于承接国际（实乃西方）分工，中国引进的工业化集中于沿海地区。由于主客观原因，中国工业化的指导方针有失偏颇，时间延续不够长，地域展开不够广，行业推进不够深入，定价权与关键技术掌握在国际资本手中。有失偏颇的工业化，导致东部与中西部、城市与乡村、社会精英与弱势群体之间的发展严重失衡，形成诸多被工业化遗忘的大片土地、被传统尘封的大片人群，其重要特征就是，时间观念淡薄，工作效率低下，敷衍塞责，慵懒散漫。因此，依照“时间”所指示的标准：中国的工业化仍在路上。

历史上，英国、美国与日本都曾因为成功的工业化而形成强大的制造能力，先后扮演了“世界工厂”的角色，源源不断地生产出各色产品、各种机器与各类设备，成为“全球经济和贸易的核心国”。

英国首开工业革命先河并于19世纪中期成为“世界工厂”。当时，英国人口只占世界总人口的2%，但是其工业产值却占世界总产值的30%～40%，对外贸易占世界总贸易额的20%～25%，而且全世界1/3以上的商船都悬挂着英国的国旗。英国创立了以蒸汽机为动力、分工合作与规模生产相结合的近代工厂，成为国际分工的高地，以及全球的制造中心、经济中心、财富集散中心。

美国也是通过推进新一轮工业革命而成为“世界工厂”的。1928年美国的工业生产份额占世界的39%，第二次世界大战后这一份额继续增加，直至占据世界工业生产的半壁江山。从耐克运动鞋到波音飞机，标准化的“美国制造”包罗万象。与先驱者英国不同的是，美国是用一系列知名品牌来巩固自己的“世界工厂”地位的。作为后起之秀，美国创立了“泰勒模式”与“福特流水生产线”，为现代工厂奠定了基础。

第二次世界大战后，日本通过实施“重化学工业化”和“加工贸易立国”（1955—1974年）、“技术立国”（1975—1990年），迅速积累起庞大的工业生产能力。到20世纪80年代，日本在国际分工中异军突起。电器、汽车、机床、机械等诸多高技术、高附加值产品跃居世界第一。无数个超越使日本成为了新兴的“世界工厂”。日本不仅实现了企业生产方式的革命（如“精益生产”与“丰田模式”），而且实现了资本主义组织方式的革命，即所谓“日本式经营”（终身雇佣制、年功序列制和企业内工会），为工业经济与工业文明作出了杰出贡献。

由英国、美国、日本的成功工业化的硬指标来看，倘若中国完成了工业化，中国为世界贡献了什么？是富士康的“军事化管理”？小米手机真假难辨的模仿？是用廉价资源、廉价环境、廉价货币、廉价劳力制造出廉价商品的比较优势？我们不用妄自菲薄，但是也不能狂妄自大，我们应当老老实实承认，中国还没有完成工业化。

3. 正确认识当今世界的主题

多年来，我们一直认定是我们处在“和平与发展”时代，即“和平与发展”是我们这个时代的主题。然而小平同志曾说，“世界和平与发展这两大问题，至今一个也没有解决”①。很显然，国际两大问题和时代两大主题是两码事。由此，“两大主题”表述对中国的战略决策产生重大影响。

和平并不必然保障发展。多年来，和平保发展，发展促和平，和平与发展相辅相成，似乎成为一种“常识”。但是，这种常识并没有得到历史的一贯证实。从欧洲旧大陆与美洲新大陆的历史经验和教训来看，和平往往是发展停滞乃至倒退的温床。

---

① 《邓小平文选》，第3卷，383页，北京，人民出版社，1993。

1492年哥伦布发现“新大陆”之后，世界开启了大航海时代，伊比利亚半岛的葡萄牙与西班牙利用地理与先发优势，取得了发展与发财先机，成为西欧强国。后起之秀的英国于1588年击败西班牙的“无敌舰队”后，实力迅速提升，野心不断膨胀，而后与“海上马车夫”的荷兰争夺欧洲霸权。几乎整个17世纪，因觊觎葡、西、荷三国的财富与殖民地，英国不断挑起战争。1703年，英国驻葡萄牙公使约翰·麦修恩说服葡萄牙政府，缔结和约（后称《麦修恩条约》）。和约签署生效后，英国工业品迅疾泛滥于葡萄牙市场，葡萄牙工业遭遇灭顶之灾，出现了“突然而彻底的崩溃”。1713年，英国如法炮制，与西班牙签订了《阿西安托条约》，英西关系修好，然而“西班牙好不容易有了生机的工业很快就萎缩了”。

在法国，“本国工业、自由的国内贸易、对外贸易、渔业、海运业和海军，总之凡是一个富强国家应有的一切特征，在一个伟大的天才[①]的手里，就像用魔杖一挥那样，在短短数年之间就色色俱备”[②]。但是，1786年，英国与法国

① “伟大的天才”是指让·科尔伯特（1619—1683年），法国政治家，路易十四的财政大臣。

② ［德］弗里德里希·李斯特：《政治经济学的国民体系》，陈万煦译，115页，北京，商务印书馆，1982。

签订了《伊甸条约》，法国的制酒商所获甚微，而法国工业家濒于破产。“这个条约所造成的不利于法国的毁灭性结果，与《麦修恩条约》给葡萄牙所造成的后果丝毫没有两样”，“由科尔伯特开启的全盛的法国工业几年之间便一败涂地，已经受到摧残的工业要想用整整一个世代的时间使它恢复却不那样容易”①。今天，我们看到的作为世界工业强国的德国与法国，其工业化进程大大得益于“拿破仑的大陆封锁政策，这个措施虽然备受亚当·斯密最出名的高足萨伊先生的抨击，斥之为祸殃，却使德国和法国的工业史开辟了一个新纪元”②。受该封锁政策之赐，德国工业初次获得了重大发展。法国大革命的骚动与拿破仑时代不断的战争，对法国工业繁荣当然不会有利，况且在这个时期法国丧失了大部分海外贸易，失去了一切殖民地，尽管如此，法国的工业，只是由于对本国市场的得以独占，由于封建束缚势力的消除，在帝国时期比之在革命以前的旧制度下却获得了较大发展。在德国以及在大陆封锁范国内的一切国家，情况也是这样。③

---

① ［德］弗里德里希·李斯特：《政治经济学的国民体系》，陈万煦译，76、77页，北京，商务印书馆，1982。

② 同上书，89页。

③ 同上书，77页。

美国历史更加反复与充分说明，和平并非总是发展的保障与促进要素，有时反而是发展停滞乃至倒退的温床。英国国王曾经明令，在北美殖民地连一只马蹄钉也不准制造。一切工业都垄断在英国手里。美国独立战争时期，“一切需要就得取给于自己的物资，于是各种各样的工业受到了极大鼓励，在这种情况下，农业也受到了极大的鼓励”。但是，“在巴黎和议之后，由于各州在制度组织上的欠缺，无法实施统一的商业制度，结果英国工业品又乘虚而入，自由畅销，美国新成立的工业，这时羽翼未丰，还无力抵抗这种竞争，于是在战时一度繁荣的气象又成过去，它的消逝比它兴起时还要快得多”①。如果不是由于 1812 年对英国宣战而实行禁运，那么毫无疑问，美国的工业面对英国的竞争，将完全崩溃。根特和议后，1816 年美国国会决定大幅降低进口关税，于是英国的商品又如潮水般涌入，结果在 1786—1789 年出现的工业崩溃、农产品滞销、地产价格低落等现象又重新出现。“这个国家再度在战争时期享受到了和平时期的幸福以后，却再度在和平时期遭受到了比

① ［德］弗里德里希·李斯特：《政治经济学的国民体系》，陈万煦译，99 页，北京，商务印书馆，1982。

在最残酷战争中还要大的灾害”①。美国“对英国的战争，两度被迫对于所需物品不得不自己动手在国内制造，然后在和约成立以后，由于外商的自由竞争，已成立的工业又两度濒于毁灭”②。

有鉴于此，我们应全面、全新理解“和平”：和平并不必然保障发展，和平并非是发展的必要条件，和平有时很可能带来停滞与倒退。

发展也并不必然带来国家富强。“发展是硬道理”，在中国几乎是家喻户晓。但是，这一几乎成为真理的表述，显然没有得到世界发展史的有力支撑。世界发展史很清晰地表明，发展并不必然带来国家富强。发展的结果可能是财富的积累，也可能是生产力的提高，而只有生产力的提高才能使国家富有而强大。发展的不同结果主要取决于发展的不同路径，过去是农业化、商业化与工业化之争，今天则是金融化与工业化之争。金融化当然能使国家获得发展，因为通过金融业的发展可以积累财富，但是“就像鸦片或烈性饮料一样，只能引起一时的兴奋，结果将终生萎

---

① ［德］弗里德里希·李斯特：《政治经济学的国民体系》，陈万煦译，101页，北京，商务印书馆，1982。

② 同上书，116页。

靡不振；又如电光的一闪，当时虽使万象格外光明，但过后却坠入了更深一层的黑暗”[①]。唯有在适度保护中的工业化、注重开发本国市场的工业化、成功的工业化，才能导致本国生产力的提高，进而促进本国经济社会的发展与国家的强大。

对此，李斯特进行了细密而充分的论证，“财富的原因与财富本身完全不同。一个人可以据有财富，那就是交换价值，但是他如果没有那份生产力，可以产生大于他所消费的价值，他将越过越穷”[②]。“财富的生产力比财富本身，不晓得要重要多少倍；它不但可以使已有的和已经增加的财富获得保障，而且可以使已经消失的财富获得补偿。”[③]

“力量的确比财富更加重要。为什么呢？因为国家力量是一种动力，新的生产资源可以由此获得开发；因为生产力是树之本，可以由此产生财富的果实；因为结果子的树比果实本身价值更大。力量比财富更加重要，因为力量的反面——软弱无能——足以使我们丧失所有的一切，不但使我们既得的财富难以保持，就是我们的生产力量，我们

① ［德］弗里德里希·李斯特：《政治经济学的国民体系》，陈万煦译，235页，北京，商务印书馆，1982。

② 同上书，132页。

③ 同上书，133页。

的文化，我们的自由，还不仅是这些，甚至我们国家的独立自主，都会落到在力量上胜过我们的那些国家的手里。”①

“国家财富并不在于交换价值的占有，而在于生产力的占有，正如一个渔夫的财富不在于占有了多少条鱼，而在于不断地捕鱼以满足他的需要的那种能力和手段。”② “一个国家的发展程度，主要并不是像萨伊所相信的那样决定于它所蓄积的财富（也就是交换价值）的多少，而是决定于它的生产力的发展程度。”③ 然而，生产力有高低之别，国家应当致力于更高生产能力的保护与培育；生产力还有生产交换价值与生产生产力之分，国家应当致力于生产生产力的保护与培育。“那些养猪和制丸药的当然属于生产者，但是教师、作曲家、音乐家、医师、法官和行政官也是生产者，他们的生产性比前一类要高得多。前者所生产的是交换价值，后者所生产的是生产力。”④

在存在完整而独立的国家主权的情形下，一国的财富寓于生产力量，而生产力量寓于政治力量，国家通过制度设计——制定相应的产业政策，培育出相应的企业，进而

① ［德］弗里德里希·李斯特：《政治经济学的国民体系》，陈万煦译，52页，北京，商务印书馆，1982。

② 同上书，331页。

③④ 同上书，143页。

生产出相应的产品，创造出相应的利润，这就是李斯特所强调的“基于政治力量进而获得生产力量，由生产力而获得财富”① 的英国经验。

工业化（现代化大生产）的发展道路可以培育出有组织、能担当的忠诚于国家的公民，这是一个国家繁荣富强的社会基础。金融化则不然，金融化的结果是财富积累，而且社会财富会更多地集中到少数金融资产阶级乃至金融寡头的手中，造成严重的两极分化，成为社会矛盾激化的重要源头。金融家毕其一生都在努力与国际接轨，他相信“世界是平的”，并努力让世界更加平坦，他本质上不属于任何国家，也不会受任何爱国主义、民族主义的羁绊，他是自豪的国际公民。“假使可能的话，他未尝不可以把祖国的田地出卖给外国，当他卖到最后一块地时，他还可以溜到船上，把他自己输出国外。”②

4. 持续推进工业化是中国战略抉择

工业化对于一国现代化——繁荣富强如此重要，怎么

---

① ［德］弗里德里希·李斯特：《政治经济学的国民体系》，陈万煦译，52页，北京，商务印书馆，1982。

② 同上书，248页。

强调似乎也不过分。那么，如何实现工业化，对德国、日本等国的成功工业化有着显著影响的弗里德里希·李斯特在《政治经济学的国民体系》一书中对英国的经验以及他国的教训作了细致而深入的总结。

工业化，在适度保护中成长。李斯特执着地坚持“在保护中成长”，主要源于他所认定的常识以及对英国成功经验的观察。“固然，经验告诉我们，风力会把种子从这个地方带到那个地方，因此荒芜原野会变成稠密森林，但是要培植森林因此就静等着风力作用，让它在若干世纪的过程中来完成这样的转变，世上岂有这样愚蠢的办法？”①“如果一个植林者选择树秧，主动栽培，在几十年内达到了同样目的，这倒不算是一个可取的办法吗？保护制度是使落后国家在文化上取得与那个优势国家同等地位的唯一方法。”②

英国的工业革命由纺织业开启，第一桶金主要是由纺织业积累的。但是，英国的纺织业原本无任何竞争优势可言，完全是在高额关税与强权政治保护下逐渐成长的。为了鼓励本国纺织品的发展，同时抑制殖民地印度纺织品的

① ［德］弗里德里希·李斯特：《政治经济学的国民体系》，陈万煦译，113页，北京，商务印书馆，1982。

② 同上书，127。

壮大，英国采取严重失衡的关税政策。1814 年英国对印度纺织品的进口关税是 70%～80%，而英国向印度出口的纺织品关税只有 3.5%。英国控制伊朗后，在伊朗大肆开采石油，但是为了抑制伊朗能源工业的发展，老奸巨猾的英国在开采石油时的用电，竟然用进口煤炭、燃煤发电提供，而白白浪费掉采油过程中冒出的油层气。在最大也是收益最丰厚的殖民地印度，英国统治的一切努力都集中于一点，那就是吸取在北美统治的教训，不让印度走向现代化、工业化，而是努力使之传统化、农业化，为此不惜恢复印度王室以及消失已久的种姓制度。

“英国一旦掌握了任何一个工业部门就锲而不舍，给予密切的注意和照顾，经几个世纪而不倦，就像保护幼苗那样小心周到。任何一种工业，依靠勤奋、技术和节约，总会有所成就，总是有利可图的；任何一个在农业上、文化上已经有了发展的国家，其幼稚的工业如能加以适当的保护，不论开始时怎样缺点累累，成本高昂，通过实践、经验与国内竞争，其产品一定能够在任何方面与国外竞争者的老牌产品相匹比而毫无愧色；任何一种工业的成功总不是孤立的，总是与许多别的工业的成就相辅相依的；任何一个国家，对于工业的发展和支持如果能代代相传，历久不懈，把前一代留下的工作由后一代紧接着继续下去，这个国家的生产力就必然会发展——如果还有人不相信这些，或者对于这些情况完全无知，那么在他大胆建立自己的理论体系以前，或者在他向操着国家祸福之权的执政诸公献策以前，我们敢请他先读一读英国工业发展的历史。”①

基于英国的成功经验，同样还基于波兰、葡萄牙、西班牙等国的失败教训，李斯特得出结论，“在自由竞争下一个一无保护的国家要想成为一个新兴的工业国已经没有可能”②，“事实上最大限度的国际贸易自由，它的结果甚至能使国家沦落于奴隶地位”③。

渐进地、有重点地保护本国工业成长。李斯特极力倡导用关税制度保护，并不是不加甄别地保护，保护落后，而是适时地保护，阶段性保护，为了未来更好地竞争而保护。李斯特强调：“第一个阶段是，对比较先进的国家实行自由贸易，以此为手段，使自己脱离未开化状态，在农业上求得发展；第二个阶段是，用商业限制政策，促进工业、渔业、海运事业和国外贸易的发展；最后一个阶段是，当

---

① ［德］弗里德里希·李斯特：《政治经济学的国民体系》，陈万煦译，45页，北京，商务印书馆，1982。

② 同上书，144页。

③ 同上书，18页。

财富和力量已经达到了最高度以后，再逐步恢复到自由贸易原则，在国内外市场进行无所限制的竞争……保持既得的优势地位。”①

就第二个阶段的商业限制政策，李斯特指出：“实行保护制度时也并不是没有步骤的，如果一上来就完全排除国外竞争，使处于这样制度下的国家同别的国家完全隔离，那么这样的制度……与正确理解下的国家本身利益相违背。如果要加以保护的那个工业国还处于发展初期，保护关税在开始时就必须定得相当轻微，然后随着国家的精神与物质资本以及技术能力与进取精神的增长而逐渐提高。工业的不同部门也并不是一定要在同等程度上受到保护的；应当予以特别注意的只是那些最重要的部门。这里所谓最重要的工业部门，指的是建立与经营时需要大量资本、大规模机械设备、高度技术知识、丰富经验以及为数众多的工人，所生产的是最主要的生活必需品，因此按照它们的综合价值来说，都有着头等重要意义的工业。”②

李斯特告诫：“一国的国外市场尽管极为繁荣，但是它的

---

① ［德］弗里德里希·李斯特：《政治经济学的国民体系》，陈万煦译，118 页，北京，商务印书馆，1982。

② 同上书，175 页。

国内市场对它的重要性却十倍于国外市场；向海外追求财富虽然重要，但比这个更加重要十倍的是，对国内市场的培养与保卫，只有在国内工业上有了高度发展的国家，才能在国外贸易上有重大发展。”① 当今世界，无论从广度还是深度来看，潜力最大、增长最快的市场当属中国市场，单位资本收益率数倍于发达国家，国际资本包括世界500强企业都将进入、拓展中国市场当作战略选择。中国市场培育了众多跨国企业，其中包括三星、现代等韩国巨型跨国企业，成为众多跨国公司成长的摇篮。然而，多年来，中国的经济自由主义者跟随世界银行的指挥棒，拼命鼓噪“华盛顿共识”，推行经济自由化。一方面在国内资本严重过剩的形势下，依旧用诸多优惠政策积极引进外资进入高附加值行业，依靠外资来实行产业结构升级；另一方面积极鼓动中资企业“走出去”，“充分利用国际资源与国际市场”，到国际“红海市场”去拼杀，而把国内的“蓝海市场”让给跨国公司。

规制金融，节制资本，推进工业化，避免落入系列陷阱。多年来，受到新自由主义理论的蛊惑，利益集团的诱导与误导，很多发展中国家认为，经济金融化与金融自由

---

① ［德］弗里德里希·李斯特：《政治经济学的国民体系》，陈万煦译，182页，北京，商务印书馆，1982。

化是促进经济增长、增加国民收入、追赶发达国家的捷径。实际上，经济增长与社会发展，对于后进国家而言，没有捷径可走，只有老老实实发展实体经济，走农业现代化进而工业现代化道路。工业化是发展中国家，尤其是发展中大国稳定增长、持续发展、不断追赶、实现强大的不二选择，任何试图寻求发展捷径——抛弃工业化而追寻城镇化、金融化、信息化——都是机会主义，最终必然失败。

新殖民主义的“核心—中心—外围”的世界秩序，有利于“核心”——国际金融资产阶级（集团），也有利于“中心”——西方发达国家，因此为国际金融资产阶级（集团）所主导的西方发达国家，不可能让发展中国家走上成功工业化进而实现富国强兵之路。于是，它们不断通过变换马甲的新自由主义经济理论以及以经济金融化与金融自由化为内核的经济政策，通过在发展中国家内部培育买办利益集团、跨国金融资产阶级代理人，将经济自由主义（即依赖外资、外部技术管理、外部市场）的工业化与金融化的发展思路兜售给发展中国家，企图将发展中国家引向邪路，从而使之成为“核心”与“中心”的长期甚至永久的经济附庸、低端商品的代工生产基地、环境污染的集中地，成为源源不绝的利润源泉。

新自由主义的工业化与金融化的发展思路主要有：第一，依照比较优势实行国际分工，发展劳动与资源密集的低附加值、高排放的代工制造的贴牌工业；第二，执迷自由贸易，将代工制造出来的商品持续从事不等价交换，因为利润微薄导致国内积累非常有限（“只赚取一点面包屑而已”）；第三，也是更为甚者，不管国际经验也不管国情，盲目推进金融开放，实施金融服务便利化、利率与汇率市场化、资本项目自由化等一系列金融自由化。金融决定融资成本，进而直接决定工业化的成败。世界发展史的成功经验是，金融理应也必须为实体经济服务，为本国工业化服务。但是，发展中国家实施新自由主义工业化与金融化政策的结果是，工业化停滞，金融业异化，实体经济萎缩，虚拟经济膨胀，经济基础脆弱，对外经济依附。这不仅严重侵蚀发展中国家的生产力，而且严重侵蚀发展中国家过去积累的财富，一些原本有很好发展前景的“模范生”由此落入了所谓“中等收入陷阱”。

值得注意的是，在越来越多的发展中国家，金融不仅独立于实体经济，而且越来越广泛深入地控制实体经济；金融资本实力与势力得到空前提升，金融资本（钱力）控制社会大众（民力）与政府官员（权力）越来越突出。更为突出的是，发展中国家的金融资本并不当然地成为民族资本的一部分，而是越来越多地成为国际金融资产阶级（集团）的附庸与代理，从而使得发展中国家的金融资本服从并服务于国际金融资产阶级（集团），为国际金融资产阶级（集团）的利润最大化而兢兢业业，由此决定了诸多发展中国家的金融资产阶级往往成为本国最反动的一类政治力量。

近年来，在金融发展与金融深化（促进经济增长）的理论指导下，中国不断加快经济金融化与金融自由化的进程，金融业不当开放日趋明显。金融业不当开放的直接结果是，金融主权旁落，外汇占款成为人民币发行的主渠道，所谓总量平衡控制，明显有利于外资而不利于中资，中国的廉价储蓄被外资、金融资本占有，并依之侵占、剥夺中资企业的利润，国内工业企业的发展生存环境不断恶化。很难想象，作为世界最勤劳节俭、储蓄率最高的国家，中国的实际融资成本长期处于世界最高行列，由此导致诸多有发展潜力的企业纷纷赴海外融资或投靠外资变成附庸，没有“海外关系”或当不了洋买办、洋代理的企业，则纷纷弃实务虚，转向金融地产投机，由此导致实体经济日趋萎缩——去工业化，虚拟经济持续膨胀——房地产泡沫越吹越大。中国经济的不稳定性日趋增加，动荡幅度越来越大，财富流失日益严重，新近发生的股灾就是一个很好的例证。

近年来，境内外新自由主义者为实现国际金融资产阶级（集团）以及以美国为首的西方发达国家的新殖民主义政策目标，让中国牢牢绑定在西方主导的国际分工的战车上，成为“核心”与“中心”的附庸，竭尽全力以“华盛顿共识”来取代中国的“道路自信、制度自信与理论自信”，努力让中国通过各种“去工业化”的方式——如贸易、金融、房地产等——去制造财富，而不是提高中国工业化水平——如高新科技产业与关键零部件产品等更高的生产力——提升制造财富的能力。在“四个现代化”尤其是工业现代化尚未实现之时，中国的新自由主义者拼命鼓噪城镇化、金融化，认定这个化那个化（而恰恰不提工业化）是中国经济增长、社会发展、民富国强的终南捷径。实际上，过去，没有工业化，就没有农业、国防与科学技术现代化，工业化是农业、国防与科学技术现代化的基础。今天，没有工业化就没有城镇化，城镇化是工业化的结果；没有工业化就没有信息化，工业化是信息化的前提；没有完成工业化，盲目推进金融化，必将令国家处于附庸与奴隶的地位。只有经历成功的工业化，现代化才有保障，人的现代化、企业的现代化、社会的现代化都离不开工业化。唯有经历工业化的成功洗礼，中国才有实现国家治理体系与治理能力的现代化的可能。

第1章 经济金融化是金融资本主义的基本特征

经济金融化的魔瓶早已开启，金融危机取代昔日的实体经济危机成为资本主义的新常态。金融化，已不再是经济自由主义者所鼓噪的“增长”、“发展”、“繁荣”的象征，而是“风险”、“危机”、“崩溃”的代名词。

新自由主义为经济金融化涂上了一层诱人的迷彩，如优化资源配置、分散投资风险、促进经济增长等。实践表明，这些论断都言过其实。经济金融化就其本质而言，是资产阶级为克服生产过剩、利润率下降的不得已选择，是资本主义为解决基本矛盾、延缓制度衰亡的修补裱糊之举，是金融资本实现全面垄断的必然。

经济金融化的内涵

经济金融化是一个以金融创新为依托，以新金融模式、新金融工具和新金融产业不断涌现为表现的金融市场体系不断丰富、完善的过程，意味着金融部门日益膨胀并将处于支配地位，从而改变经济体系的运行方式；也可以看成是金融对实体经济持续渗透、融合与操纵的过程，是金融资本获取利润的核心机制。“横看成岭侧成峰”，经济金融化可以从不同视角加以定义，可以从股东价值最大化的企业治理视角，可以从工业资本与金融资本之间关系视角，还可以从资本主义积累模式视角。[①]

保罗·斯威齐将经济金融化概括为“资本积累过程的金融化”[②]，大卫·科茨则认为，“近几十年来推动金融化进程的直接原因在于新自由主义的重构”[③]。约翰·福斯特将金融化定义为资本主义经济重心从生产向金融的长期转变，其转变包括以下一些基本指标：（1）金融利润占总利润比重的不断上升；（2）不断上升的债务占 GDP 比例；（3）FIREs（即金融、保险与房地产）占国民收入份额不断增长；（4）舶来的和不透明的金融工具的不断扩散；（5）金融泡沫的不断膨

① 参见马锦生：《资本主义金融化与金融资本主义研究》，“第二章　资本主义金融化内涵及其实质”，见中国知网（博士论文）。

② 保罗·斯威齐在 1997 年发表的论文《再谈全球化》中，对金融化做了最简洁的表述，即“资本积累过程的金融化”。1974—1975 年经济衰退以来，当代资本主义的发展历程呈现了三个重大趋势：（1）全球经济增速总体放缓；（2）跨国垄断（或寡头垄断）公司在全球扩展；（3）资本积累过程的金融化现象。参见［美］约翰·贝拉米·福斯特：《资本主义的金融化》，载《国外理论动态》，2007（7）。

③ 大卫·科茨：《金融化与新自由主义》，载《国外理论动态》，2011（11）。

胀。[①]“金融化是指在国内和国际两个层面上，金融市场、金融机构以及金融业精英们对经济运行和经济管理制度的重要性不断提升的过程”[②]。伴随着经济金融化，“经济活动的重心从产业部门（甚而从诸多正在扩大中的服务业部门）转向金融部门”[③]。

资本的本性就是追逐利润，哪里的利润率高就流向那里，从流通领域、生产领域转移到金融领域，呈现明显的阶段性。与此相对应，资本主义具有商业资本主义、工业资本主义和金融资本主义三个主要形态。

工业资本主义，从 18 世纪中叶到 20 世纪 70 年代，囊括自由竞争资本主义以及一般垄断资本主义，为期约 200 年。工业资本主义的伟大成就是使生息资本从属于“资本主义生产方式的条件和要求”[④]。金融资本主义是对工业资本主义的否定，是商业资本主义的螺旋上升。

---

① J. B. Foster, “The Financialization of Accumulation,” *Monthly Review*, 2010, 62 (5) .

② Gerald Epsteinedt, 2005, *Financialization and the World Economy*, Edward Elgar. p. 3.

③ ［美］约翰·贝拉米·福斯特：《资本主义的金融化》，载《国外理论动态》，2007 (7)。

④ 迈克尔·赫德森：《从马克思到高盛：虚拟资本的幻想和产业的金融化（上）》，载《国外理论动态》，2010 (9)。

解决资本主义经济停滞

20世纪70年代的滞胀驱使主要资本主义国家纷纷走上经济金融化道路，金融扩张成为资本主义制度的主要修复手段，垄断资本转变为新的垄断金融资本，金融资本以它自己的标准对生产过程进行了重组并主导着企业的兼并与收购，金融资本垄断成为新的垄断形式，是谓金融资本主义。从20世纪80年代开始到2008年国际金融大危机，30年间，全球GDP的年均增长速度在3%～4%，全球贸易的年均增长速度在6%～7%，然而全球资本的年均增长速度在12%～14%。30年间，贸易增长速度是生产增长速度的2倍，资金流是物流的2倍，是生产增长速度的4倍。金融每年以4倍于生产的速度在急速扩展，如此使得经济金融化越来越突出。

经济金融化集中体现为资本积累过程中的金融化。第二次世界大战后，主要资本主义国家因弥补战争期间被破坏的生产以及被抑制的消费，纷纷进行投资，由此步入投资—生产—消费—繁荣的经济荣景，即资本主义发展所谓的“黄金期”。然而，好景不长，在资本积累过程中，随着资本有机构成不断提高，工会力量增强导致工资支出刚性向上，以及由于垄断导致分配关系的变化，致使全社会消费不足，如此进入到20世纪70年代后，主要资本主义国家都出现了日趋严重的产能利用不足与产品生产过剩问题，与此同时，利润率持续下降和盈利性投资机会缺乏①，如此生产过剩与利润率下降成为资本主义的“新常态”。

生产过剩—利润率下降的集中体现就是经济增长迟缓。“屋漏偏逢连夜雨”，由地缘政治引起的石油危机引致物价上涨，严重而持续的经济滞涨使资本主义又一次陷入了严重危机。但是，“猫有九条命”，资本主义又展示出惊人的生命力——自我修复能力，即为日益严重的生产过剩—利润率下降寻求新的解决渠道。20世纪70年代末80年代初，发达资本主义国家采取的主要应对措施是，通过积极发展金融部门，来吸收剩余资本，扩大货币资本，开启了经济金融化的魔瓶。这种被斯威齐称为“资本积累过程中的金融化”正是支撑20世纪70年代以来资本主义经济增长的主

① 资本平均利润率从自由竞争资本主义阶段的17.5%、私人垄断资本主义阶段的13%下降为国家垄断资本主义阶段的11.9%。参见何秉孟：《美国金融危机与国际金融垄断资本主义》，载《中国社会科学》，2010（2）。

要力量。“利润的获取越来越多地通过金融渠道进行，代替了传统的商品生产和贸易渠道。”①

生产过剩与利润率下降，与之相对应的是实体经济增长停滞与投资回报降低，只不过是同一硬币的两个面，所以约翰·福斯特认为金融化源于资本主义经济停滞的趋势。“西方经济的金融化不是近几十年来经济增长缓慢的原因；相反，经济增长缓慢和资本缺少投资机会是金融化的原因。”② 通过资本向金融领域的转移，实体经济生产得以下降，生产相对过剩从而得以缓解，同时又满足了资本追逐利润以实现价值增值的要求。资本主义把经济金融化当作应对经济停滞的手段，如此，使得资本主义的经济重心从生产领域转移到金融领域。

资本积累过程中的金融化的主要实现形式是股东价值最大化。经济金融化首先发生在企业管理这一微观基础上，即企业管理目标由昔日的企业利润最大化转向股东价值最大化。

企业由追求中长期收益转向日益注重短期收益。企业

---

① Greta R. Krippner, “The Financialization of the American Economy,” *Socio-Economic Review*, 2005, Vol. 3, No. 2: 173 - 208.

② 约翰·B·福斯特、罗伯特·麦克切斯尼:《垄断金触资本、积累悖论与新自由主义本质》，载《国外理论动态》，2010 (1)。

越来越依赖于通过资本市场的投资或投机活动，而非通过生产经营活动赚取利润；经理人更加关注企业短期的财务表现或股票价格的市场表现，所以他们更倾向于减少回报周期长的科研创新投资，而注重通过资本市场操作在短期内维持或提高企业利润率等财务数据，甚至不惜与金融资本联手，采取内部交易、关联交易等手段操纵企业股价。企业管理哲学从福特制的“劳资合作＋再投资”明显转向“减员增效＋分红”的股东价值导向偏好，使得失业水平持续上升，工人的收入更具弹性，包括比较强的利率弹性，因为工人被迫（生计所迫）或被诱（金融机构所诱导）而纷纷通过金融途径增加收益或增加负债。

“股东价值”模式对资本主义产生深远影响，是金融资本主义形成的直接动力。企业为了提高股东收益率，往往会采取增加利息支付、管理层高薪、分红或股份回购等形式，减少企业利润留存，企业发展（如并购与投资）严重依赖外部债务融资，由此导致企业负债率不断上升；劳动者的工资由社会消费源泉变成了企业成本，企业通过境外投资、劳动套利来打击工会“垄断”，以降低企业成本，如此建立起以雇员的非稳定化和劳动合同的碎片化为基础的增长体制，这样导致家庭实际收入增长陷入长期停滞状态。

在一次收入分配被挤压的同时，二次分配收入也不断缩水，即教育、医疗以及其他福利等政府预算也大幅削减，普通居民尤其是低收入家庭手头日益拮据，入不敷出情况日趋严重；由于金融资本本质上不能创造价值，“股东价值”模式也不断削弱企业创造价值的能力，社会与国家的财富源泉收缩，与此同时还要不断为企业与居民提供各种补贴，收入减少，开支增加，因此公共债务不断提高。

企业、居民家庭与政府的金融化

经由股东价值最大化而推动的经济金融化导致三种明显的经济后果：企业债务驱动型投资、居民家庭债务驱动型消费以及政府的赤字财政。[①] 企业、居民家庭以及政府一方面是经济金融化作用的对象，另一方面也是经济金融化的主要实现途径。

第一，企业金融化。由于传统产业竞争激烈，利润率不断降低，资本积累渠道受阻，因此企业避实就虚，日益

① 参见马锦生：《资本主义金融化与金融资本主义研究》，“第八章 资本主义金融化与主权债务危机”，见中国知网（博士论文）。

广泛而深入地参与金融活动，将其可支配资金越来越多地配置在金融资产上，积累的重心由生产性渠道越来越多地向金融渠道倾斜，由此逐渐引发企业经济结构变化，即企业中的金融业资本相对于产业资本的比重明显上升，企业利润中来自金融渠道的比重大幅提高。

以美国为例，1952—2008 年，非金融企业持有的金融资产占其总资产的平均比例从 25.3%上升到了 41.1%；非金融企业拥有的金融业资本与产业资本的比率，20 世纪 60 年代不足 40%，到了 2001 年则飙升到约 90%。1952—2008 年，利息和红利等来自金融渠道的利润占非金融企业利润增加值的平均比例从 8.9%上升到 16.1%。①

以美国通用电气公司（GE）为例，2002 年其下属的 GE 金融公司的总资产达到近 5 000 亿美元，在 GE 的总资产中占 85.15%；收入为 545 亿美元，占 GE 总收入的 41%；净利润为 36 亿美元，对集团的利润贡献率超过 40%。金融业务已经成为 GE 快速、高效增长的主要源泉，被誉为 GE 的利润增长机器。② GE 的金融化在美国大企业

① 赵峰：《当代资本主义经济是否发生了金融化转型》，载《经济学家》，2010 (6)。

② 张宇、蔡万焕：《金融垄断资本及其在新阶段的特点》，载《中国人民大学学报》，2009 (4)。

中相当普遍，而类似美国企业的金融化在西方国家也相当普遍。

第二，居民家庭金融化。居民家庭金融化的一个重要特征就是家庭金融资产占 GDP 的比例不断提高。美国从 1973 年的 200％上升到 2007 年的 325％，日本从 1980 年的 150％上升到 2007 年的 260％，就连实体经济发达而金融化相对落后的德国，其居民家庭金融资产占 GDP 的比例也从 1990 年的 110％上升到 2007 年的 180％。[①] 然而，这只是一个表象，在表象之下，出现了更为深刻的结构性变化，即居民家庭部门债务负担日趋沉重。

在实体经济停滞、利润率下降的形势下，金融资本在努力控制产业、企业的同时，逐步加强对个人的控制，通过金融欺诈（所谓“金融创新”，如次级抵押住房贷款），或在信贷中设置剥削性条件，实现对家庭收入的掠夺。在收入停滞的状态下，为满足劳动力的再生产和弥补收入的不足，居民家庭的金融投资与信贷需求趋于提高。数据显示，美国的消费信贷和抵押贷款占银行总贷款的比例从 1965 年的约 30％上升到 2007 年的近 50％，日本的个人贷

---

① 考斯达斯·拉帕维查斯：《金融化了的资本主义：危机和金融掠夺》，载《政治经济学评论》，2009（1）。

款占银行总贷款的比例从 1997 年的 27%上升到 2007 年的约 37%，德国的住房抵押贷款占总贷款的比例从 1973 年的 2%上升到 2007 年的 10%。①

居民家庭通过增加债务，以人为的方式造成了一种有支付能力的需求假象，由此形成“抵押贷款—房地产—证券化—衍生品”联动的金融链条，导致家庭部门债务驱动型消费。随着家庭收入从银行储蓄转向股票证券，并日益集中于金融中介转化为各类息票金融资产，作为被金融化的大众其收入也就具有了更高的利率敏感性，容易受到利率变动的影响。2007 年的美国次贷危机，就是在联邦基金利率调整下美国家庭债务链条断裂的结果。

第三，政府金融化。经济金融化的一个重要标志应是 1971 年 8 月 15 日，美国宣布其不再承诺按照 35 美元/盎司的官价兑换黄金，从此拉开了黄金非货币化与美元货币虚拟化的进程，经济开始了“空间上去工业化”和“时间上金融化”的历程。② 这个标志性事例表明，经济金融化与政府的决策行为密切相关，而且政府及其政权本身也在金

---

① 考斯达斯·拉帕维查斯：《金融化了的资本主义：危机和金融掠夺》，载《政治经济学评论》，2009 (1)。

② 马锦生：《资本主义金融化与金融资本主义研究》，“第六章　美国经济金融化分析”，见中国知网（博士论文）。

融化。

在市场经济条件下，政府犹如企业、个人，都可被视作一类市场主体，而金融资本对政权的兴趣超过对企业与个人的兴趣，因为控制了国家政权，可以直接或间接用国家力量来谋取利益，实乃赚钱的终南捷径与最高境界。正是在“大市场与小政府”说辞的掩护下，金融精英觊觎并逐渐控制了政府，使国家政权成为精英们的赚钱机器。经济学者保罗·迈森如此表述：“自由市场全球资本主义的权力精英是非常容易描述的。虽然它看上去像一个统治集团，事实上却是一个网络。在该网络的中心是经营保险公司、投资银行和对冲基金的人，包括那些参加董事会的和在最高层任命董事会的人。”①金融资本不是虚拟的、一般概念化的，而是一个实实在在的利益集团，一类权力精英，确凿而言，就是金融资产阶级。

美国是金融资本主义最为成熟的国家，国家政权牢牢掌握在以华尔街为代表的金融资产阶级手中，联邦储备局（美国的中央银行）是华尔街金融家一手创建与有效营运的，是金融资产阶级的私器与禁脔（美联储实质上是私人

① 银锋：《经济金融化：当代金融资本利润获取机制》，载《求实》，2014（3）。

银行），始终代表着华尔街的利益；金融资产阶级利用资本力量操控两党政治，即钞票博弈选票，确保华盛顿自始至终为华尔街利益服务，他们不仅用金钱的引力牵引政治傀儡，有时甚至直接派遣代理人——如历届财政部长——维护与拓展他们的利益。

经济金融化与金融全球化密不可分，经济金融化和金融全球化是金融资本主义的基本特征，金融化的政府反过来又是经济金融化与金融全球化的重要推动力量。美国金融资本操控国家力量，积极推进经济金融化与金融全球化，途径主要有：从国内视角来看，主要是制定有利于金融资本的各项政策，包括减少和削弱对金融部门的监管，提高金融资本的利润，在危机时刻要不惜纳税人的钱财紧急驰援；从国际视角来看，主要通过强大的军事与科技（集中为信息技术）力量，以及美元在国际货币体系中的霸权地位等，强行推行金融全球化——以华尔街为代表的金融资本在国际上自由扩张，以确立金融资本的全球统治。《纽约时报》记者托马斯·弗里德曼曾经一语道破玄机：如果没有一个看不见的拳头，市场这一看不见的手就不会起作用；没有制造出 F-15 战斗机的麦道公司，也就没有麦当劳的兴隆；没有美国的军事护卫，也就没有美国在线。①

金融全球化是一种依赖于国家政策的国际现象，而非自由派人士所鼓吹的全球化是一种根深蒂固的社会结构。“货币和金融的这种新体系是称为全球化的整个动态系统的互联机制的中央发动机之一，而且这种新体系绝非是经济和技术有机活动过程的自然产物，它完全是某个国家——美国的历届政府所作的政治决策的政治结果。”②

金融化成为风险、危机、崩溃的代名词

社会机体上生长着两只手，在自由主义经济学家看来，一只是灵巧的“看不见的手”——市场，另一只则是笨拙的“看得见的手”——政府。实际上，两只手只有相互配合、相互协调，才能有效地为社会机体服务。然而，经济金融化把“看不见的手”扩张到巨大而不当的地步，由此不仅严重影响与另一只手的配合协调，而且严重地改变与

① ［美］尼克·比姆斯：《资本主义的世界性危机和社会主义前景》，载《国外理论动态》，2008（11）。

② ［英］彼得·高恩：《华盛顿的全球赌博》，顾薇、金芳译，8页，南京，江苏人民出版社，2003。

扭曲社会机体。

第一，社会资产日益金融化。金融学一般以金融相关率，即以金融资产总量与国民生产总值的比率来表示。发达国家的这一比率在 20 世纪 90 年代初最高曾达 3.26～3.62，90 年代后期有所下降；在一个世纪前，美国、英国、德国、法国、意大利几个国家大体在 0.7～0.8，只有日本例外，为 0.32～0.40。

在大多数国家，19 世纪到第一次世界大战前夕的金融资产和负债总额不超过 4～5 年的国民收入，20 世纪 70 年代早期的金融资产和负债总量也不到 4～5 年的国民收入，而到 2010 年则提升到 10～15 年的国民收入（特别是在美国、日本、德国和法国），在英国甚至达到了 20 年的国民收入的绝对历史纪录。需要强调的是，各国中央银行与政府统计部门编制的报表只关注主要金融资产（票据、股票、债券和其他证券），还不包括衍生产品（这些产品类似于保险合同，以主要金融资产为指数来定价，也可以说类似于赌注，取决于从何种角度去看）。这些金融资产总额已达到非常高的水平，根据采用定义的不同，为 20～30 年的国民收入。①

---

① ［法］托马斯·皮凯蒂：《21 世纪资本论》，185、582 页，北京，中信出版社，2014。

第二，经济关系日益金融化。经济关系是社会关系的一种体现，但是经济金融化后，经济关系在复杂的社会关系中越来越多地占据主导地位，难以度量的社会价值越来越多地被可以度量的经济价值覆盖乃至取代，整个社会关系被“镀金”了，被金融刷新了。金钱以及金钱的派生，如债权与债务、股权与股利、风险与保险等关系，充斥着人们的日常生活，充斥着企业管理经营，充斥着政府的调控治理。

经济金融化意味着食利阶层政治权力和经济权力的增加，金融部门成为吸收经济剩余的主要渠道，当然该部门的资本积累、利润获取要远远高于社会一般部门。金融行业从业者（包括银行和其他金融机构的经理人以及金融市场上的交易员）在超高收入群体中的比例是整个经济群体中的 2 倍（在前 0.1%人群里大约占 20%，而金融行业的产值占国内生产总值的比重不足 10%）。[①]

“所有英语国家近几十年来收入不平等扩大的首要原因就是金融部门和非金融部门超级经理人的兴起。”然而这种“同族相似性”不应掩盖这一现象在各（英语）国的不同严

① ［法］托马斯·皮凯蒂:《21 世纪资本论》，309 页，北京，中信出版社，2014。

重程度。在20世纪70年代，各国前1%人群的收入占国民收入的比重十分接近，美国、英国、澳大利亚、加拿大（考察的4个英语国家）均在6%～8%。事实上，20世纪70年代末80年代初，前1%人群的收入占国民收入的比重，加拿大略高，达到9%，而澳大利亚最低，仅为5%。30年后的今天，情况全然不同了。美国前1%人群的收入的比重达到将近20%，相比之下，英国和加拿大为14%～15%，而澳大利亚仅为9%～10%。①

超级经理人，简称“超人”，盎格鲁-撒克逊国家很热衷制造“超人”。其实，这是合乎自由主义理性经济人假设的。“超人”是最理性的经济人，也是合乎理性的最成功的经济人。即以最小的成本获得最大的收益。其实，在资本主义市场经济条件下，经济人只是金字塔顶端的一小撮强者（1%甚或0.1%），也许是针尖上站立的天使。

第三，企业融资脱媒化。一直以来，发达资本主义国家的企业尤其是大企业一般都是选择商业银行作为自己的融资对象。但是，自20世纪70年代以来，在企业治理结构发生转变（股东价值最大化）的引领下，金融业（市场）

---

① ［法］托马斯·皮凯蒂：《21世纪资本论》，323页，北京，中信出版社，2014。

也发生了巨变，资本市场、非银行金融的发展速度大大快于货币市场、银行金融，直接金融所占的比例日益加大，迅速赶上乃至接近或超过间接金融所占比例，融资非中介化、证券化成为金融发展的潮流。

在资本主义经济的金融化过程中，作为商业银行最重要的利润来源——大企业对银行融资的依赖不断下降。大企业的内部融资主要通过留存利润进行，外部融资日益依靠资本市场。据统计，在美、日、德三个发达经济体中，银行贷款占公司融资负债的比例下降趋势明显，美国从1973年的19%下降为2007年的8%，日本从1998年的50%下降为2007年的40%，德国从1991年的40%下降为2007年的31%。[①]

第四，国民经济日益“去工业化”，实体经济日益萎缩，虚拟经济日益膨胀。从20世纪70年代开始，美国非金融生产性经济部门的利润率持续下降，平均利润率从1955—1967年的5.26%持续下降至1982年的1.87%。1983—1991年，非金融生产性经济部门利润率一直于低水

---

① 考斯达斯·拉帕维查斯：《金融化了的资本主义：危机和金融掠夺》，载《政治经济学评论》，2009（1）。

平停滞，在1.60%～2.6%。①

产能过剩，利润率下降，作为逐利的资本，当以产业资本的形式难以获利时，就会绕过产业资本而以金融资本的形式保证资本的盈利性。企业纷纷“去工业化”，西方资本主义国家的政府由此失去了维持其职能的物质基础。2008年国际金融大危机之前，除德、日等少数国家外，发达国家的经济结构明显呈现“去工业化”的特征。“去工业化”使得作为美国实体经济主体的工业增加值在GDP中的比重，从1980年的34%降到1990年的28%，2000年的23%，2007年的22%，2010年则进一步降为20%。②

实体经济萎缩与虚拟经济膨胀成为一体两面。20世纪90年代以来，虚拟经济出现了日益脱离实体经济且加速膨胀的势头，并越来越远超实体经济，虚拟经济的核心就是金融业。20世纪90年代，美国金融服务业产值占GDP的比重超过制造业。2007年，金融业利润占到美国全部行业利润的40%。据世界银行统计，2008年全球GDP总量为

---

① 马锦生：《资本主义金融化与金融资本主义研究》，“第六章　美国经济金融化分析”，见中国知网（博士论文）。

② 世界银行网站，http://data.worldbank.org.cn/indicator/NV.IND.TOTL.ZS?page=2；马锦生：《资本主义金融化与金融资本主义研究》，“第八章　资本主义金融化与主权债务危机”，见中国知网（博士论文）。

60.56万亿美元，金融资产总量约为178万亿美元，相当于全球GDP总量的2.94倍。目前，全球每天约有2万亿美元的虚拟资本在流动，约为全球日平均贸易额的50倍。可以预计，随着全球范围内金融创新的不断涌现，虚拟经济的规模还将继续膨胀。

第五，金融动荡日益加剧，金融危机取代昔日实体经济危机成为资本主义的新常态。经济金融化将孤立或局部的金融风险串联到一起，局部风险、周期性风险抑或结构性风险由此极有可能放大到系统性风险。如通过住房抵押贷款证券化，美国的房地产市场、信贷市场和资本市场紧密地粘连在了一起，形成了“抵押贷款—证券化—衍生品”联动的金融链条。抵押贷款标准放松和抵押贷款产品创新把风险由房地产市场传导至信贷市场，资产证券化又把风险从信贷市场传导至资本市场。当贷款买房者出现断供后，房地产市场上生成的风险迅速被传递到信贷市场和资本市场，而且在传递间不断放大，风助火势，火借风威，火烧连营，由此出现所谓次贷危机，进而引发国际金融大危机。

自经济金融化的魔瓶开启以来，全世界发生大大小小的金融危机数以百计，其中具有重大影响的金融危机有：

20 世纪 80 年代的拉美债务危机与美国储贷危机，1987 年的美国股市大崩盘，1994 年的墨西哥比索危机，1997—1998 年的亚洲金融危机，1998 年的俄罗斯债务危机及美国长期资本管理公司倒闭，1999 年的土耳其、阿根廷与巴西的汇率危机，2001 年的阿根廷债务危机，2007 年的美国次贷危机，以及 2009 年的欧洲债务危机等。国际金融大鳄在市场这只“看不见的手”的掩饰下，精心做局，肆意纵火，制造危机，然后火中取栗，乘机打劫，将相关个人（家庭）、企业（机构）、国家（政府）陷于无产、负产乃至破产的境地。金融危机一旦爆发，接踵而至的往往是经济危机、社会危机、政治危机（政权更迭），甚至是国家危机（分裂解体）。一而再的实践表明：金融化，不再是经济自由主义者所鼓噪的“增长”、“发展”、“繁荣”的象征，而是“风险”、“危机”、“崩溃”的代名词。

第2章

经济金融化与新自由主义

吸取凯恩斯主义（主张国家干预的自由主义）的部分营养，在古典自由主义的基础上，烙上金融资本的印记，构建新古典自由主义，即新自由主义。小政府、重货币、私有化和自由化是其最显著特征。

资本主义经过了商业资本主义、工业资本主义而步入金融资本主义的发展阶段。经济金融化是金融资本主义的基本特征，新自由主义是金融资本主义的核心意识形态，新自由主义的重构直接推动经济金融化进程。新自由主义者视经济金融化为一种不可阻挡的历史趋势，实际并非如此，经济金融化主要是借助政府权力实现的，而非市场调节的结果。经济金融化的历史偶然性远远高于新自由主义者所称的历史必然性。

新自由主义是金融资本的意识形态

法国史学家费尔南·布罗代尔曾经对资本主义发展做了这样的比喻："工业资本主义为圣父，商业资本主义为圣子，其地位最低，金融资本主义则是贯穿一切的圣灵，其地位最高。”英国《金融时报》专栏作家马丁·沃尔夫指出：“如今，全球化击败了地方主义，投机商战胜了企业管理者，金融家征服了生产者。我们正目睹20世纪中期的管理资本主义向全球金融资本主义转变。”[①] 史学家和时评作家都认定，世界正处在金融资本主义时代。

自由主义与资产阶级相联系。14—17世纪，随着资产阶级（集中为商业资本）诞生与壮大，自由主义思想开始在欧洲萌发。17世纪中叶，英国开启资产阶级革命，自由主义思想与资产阶级革命相互促进。但是，直到18世纪中叶工业革命之后，自由主义思想才得以体系性确立，作为资产阶级的意识形态与资本主义制度紧密联系在一起。迄今，从生产方式来看，资本主义经历了商业资本主义、工业资本主义而步入金融资本主义的发展阶段；从组织方式来看，资本主义经历了自由竞争的资本主义、垄断资本主义而进入金融资本主义的发展阶段。自由竞争的资木主义涵盖了晚期商业资本主义与早期工业资本主义。与之相对应，自由主义则经历了古典自由主义、主张国家干预的自

① 马丁·沃尔夫：《管理资本主义向金融资本主义转变》，载《中国企业家》，2007（14）。

由主义、主张恢复古典自由主义的新古典自由主义（简称新自由主义）三大思潮。“新自由主义表达了一个阶级对于金钱和权力的欲望，这个阶级包括资本所有者及其权力机构，统称为‘金融’，而他们则以此为平台获取阶级利益和阶级权力。”①

古典自由主义是一类“个人先于国家存在”的政治哲学，强调个人权利，突出私有财产，主张自由放任。在资本主义成长壮大过程中，古典自由主义要求企业自由经营、自由竞争、自由贸易，旨在增强经济实力、调解社会矛盾、维护资本主义制度。1929—1933年“大萧条”出现后，国家干预的自由主义（即凯恩斯主义）取代古典自由主义，成为垄断资本主义的主导思想。20世纪70年代，随着西方世界滞胀的普遍出现，“福利国家”政策的破产，凯恩斯主义式微，自由主义复辟②，是谓新自由主义。

新自由主义是一个大杂烩，包括众多学派的思想和理论。狭义新自由主义主要是指以哈耶克为代表的伦敦学派。

---

① Dumenil, Gerard, and Dominique Levy, *Capital Resurgent*: *Roots of the Neoliberal Revolution*, Cambridge and London: Harvard University Press, 2004, pp. 1 - 2.

② 迪蒙和莱维在《资本复活》（*Capital Resurgent*, Harvard University Press, 2004）一书中将新自由主义归结为金融资本力量的复辟。

广义新自由主义，除了伦敦学派外，还包括以弗里德曼为代表的货币学派，以欧根等为代表的弗莱堡学派，以卢卡斯、巴罗等为代表的理性预期学派，以布坎南为代表的公共选择学派，以拉弗、费尔德斯坦为代表的供给学派，以科斯等为代表的新制度经济学等，其中影响最大的是伦敦学派、货币学派和理性预期学派。新自由主义以否定凯恩斯主义、复辟古典自由主义的名义出现，因此与以有效需求管理为核心的国家干预的自由主义（即凯恩斯主义）不同，新自由主义主要是围绕增加有效供给展开，小政府、重货币、私有化和自由化是新自由主义最显著的特征。

首先，全面约束政府的权力，把权力关进制度的笼子里，而这个笼子恰恰是依照金融资本的意志设计的。当今世界，现代国家，在政府、市场（资本）、社会三者关系中，政府始终处于关键与核心地位，而资本觊觎政府权力、奴役社会民力的企图随着市场的扩张而日趋强烈。在成功奴役社会民力之后，资本的最大努力就是要俘获企图要“节制资本”的政府。在俘获以至操纵政府上，金融资本比其他任何资本的愿望都更为强烈。资本主义国家“都周期性地患一种狂想病，企图不用生产过程作媒介赚到钱”，“资本主义生产的动机就是赚钱”，生产只不过是“为了赚钱而必须干的倒霉事”。[①] 金融资本一旦控制了政府，就可以把自己的意志通过政策直接兑换为金钱，就能实现“以钱生钱”，就能避免去干“倒霉事”。一个国家乃至全世界的力量是守恒的，资源是有限的，而资本尤其是金融资本的贪欲是无限的。政府的权力相对应的公共资源，一直是金融资本所垂涎的。限制、削弱政府的权力，而金融资本不受约束，那么资本就可以窃取政府的权力，以及相应的资源。

其次，把避免通货膨胀作为宏观经济政策的首要目标。凯恩斯主义理论在实践中造就了一套明确而行之有效的经济政策，其中宏观经济管理（调控）四大目标具有代表意义：经济增长，充分就业，物价稳定（通货膨胀）以及国际收支平衡。经济增长与劳动生产率提高、财富创造直接相关；充分就业惠及广大劳工；物价稳定有利于整个经济稳定；国际收支平衡涉及汇率稳定，有利于工业生产与实体经济的发展。新自由主义忽视经济规律中价值规律（价值—价格）与供求机制（供给—需求）的调节与影响，忽视经济增长、充分就业、国际收支平衡对国民经济的作用，

① 《马克思恩格斯全集》，第24卷，68页，北京，人民出版社，1972。

（货币主义）把物价稳定即避免通货膨胀作为宏观经济政策的首要目标，把稳定物价与调整利率挂钩，而利率工具掌握在金融资本的代理人——中央银行手中。这样，在经济金融化即金融刷新整个国民经济的背景下，不仅资金价格（利率）由金融资本确定，而且整个社会资产价格由金融资本确定。金融资本掌握了整个国民经济的定价权。

再次，推行私有化，尤其热衷将公共权利、公共资产私有化。20世纪30年代“大萧条”之后，尤其是第二次世界大战之后，在凯恩斯主义影响下，西方国家建立了一大批国有或公共企业。在国民经济中，欧洲国家的国有企业的比重普遍超过20%，瑞典甚至超过50%，在一些国家一些部门，如法国的能源，比例甚至超过90%。这些企业不仅向社会提供所需的产品与服务，发挥经济组织的功能，而且通过工会把劳工组织起来，发挥社会组织的作用，如此将工业资本的组织化（企业中的劳资合作）推向了极致。国有企业占据广大的经济空间以及形成高度的社会组织，对金融资本的扩张构成极大障碍。金融资本希望经济组织私有化，产权明晰化，以便实现股东利益最大化的金融资本主义改造；希望社会组织碎片化、原子化，以将社会每个成员吸附在金融资本价值生产的链条上，成为各类金融产品的消费者。

最后，推行自由化，放松或解除对劳动、金融等各类市场的管制。金融资本像细菌厌恶真空一样厌恶政府与社会的制约与监管。现代金融近乎无时无处无欺诈，近乎成为欺诈的代名词，然而通过数学与工程学的包装，用所谓“金融创新”来加以掩饰。金融资本越来越远离实体经济，独立运行，以钱生钱，往往利用不同市场之间抑或市场现在与未来之间的微小的利差而进行套利，因此在资本高速公路上即便是一些微小障碍，如1%甚至以下的利得税，也能影响金融资本的“正常流动”。特别是金融大鳄在布局大型“庞氏骗局”——猎获某个中等以上的国家如阿根廷、苏联这样的经济体时——更需要自由化，即资本项目开放与货币自由兑换。资本需要自由，工业资本需要有保护的自由，金融资本则需要绝对的自由。

金融资本只在乎能否以钱生钱，至于能否促进经济增长、增加就业甚至是否合乎道德，则毫不在乎。1993年，索罗斯基金赚的钱和麦当劳公司一样多。麦当劳在世界各地雇用17万名职工，而索罗斯雇用的人员屈指可数。在索罗斯风头最劲的20世纪90年代，旗下几只基金在世界各地设立50余家分支机构，雇员也只有1000多人。

新自由主义的重构直接推动金融化进程

新自由主义不仅是一种思潮与意识形态，而且代表着一股强大的政治力量——金融资本以及金融资产阶级。所谓经济金融化，就是金融资本通过代理人控制政府，把自己的意志——新自由主义理论——变成了一系列经济政策，政策影响市场资产价格波动，波动形成利差，套利带来收益。经济金融化使资本主义远离实体经济，实现了“不用生产过程作媒介赚到钱”的狂想，直接以钱生钱，由此说明，金融资本主义是最腐朽的资本主义。

新自由主义政策的核心要义在于经济金融化。大卫·科茨一语道破玄机，“近几十年来，推动金融化进程的直接原因，在于新自由主义的重构”①。所谓新自由主义的重构，是指吸取凯恩斯主义（主张国家干预的自由主义）的部分营养，在古典自由主义的基础上，烙上金融资本的印记，构建新古典自由主义，即新自由主义。古典自由主义的一

① 大卫·科茨：《金融化与新自由主义》，载《国外理论动态》，2011（11）。

个鲜明特征是在政策上要求贸易自由化，而凯恩斯主义要求投资自由化，新自由主义则要求金融自由化。经济金融化只是金融自由化的一个步骤、一个阶段抑或一个表现。

首先，为了达到金融自由化、经济金融化的政策目标，必须对资本主义的基本经济组织（企业）依照金融资本的逻辑实施重新构建，使企业存续的目标由原来“企业利润最大化”转变为“股东利益最大化”。实施重新构建即股份制改造的经济理论就是产权理论。产权理论，在微观上，扭转了企业的经营管理方向，即从原来的服从于资本家的利益，变为名义上服从于所有股东利益，由于股东过于分散，而实际服务于大股东金融资本的利益；宏观上，则扭转了资本主义的整个行进方向，即由工业资本主导变为金融资本主导。

企业重构（即“股东利益最大化”导向）在20世纪七八十年代在以英、美为首的西方国家展开，到90年代改造目标已经基本实现。美国著名学者、马克思主义经济学家保罗·斯威齐就此指出，公司真正的权力不在“公司的董事会手上，而在金融市场”，这种“金融与实体之间颠倒的关系”才是“理解全球（经济）新趋势的关键”。斯威齐认为：“由于经济整体增速的放缓和实体经济增长的停滞，资本主义经济正越来越多地依赖金融部门的扩张增加货币资本量，资本积累的过程逐步被金融化取代。”①

其次，政府代表国家行使各类经济主权与治权，是资本自由——金融资本自由欺诈与掠夺——的最大障碍，约束政府“看得见的手”，使之成为一个“守夜人”。公共选择理论肩负的一个重要使命就是要将政府赶下所谓“神坛”，认为政府也是一个“谋求利益最大化”的理性经济人，在“寻租—设租”中，使权力不断倾向于腐败。因此，公共选择理论要求“把权力装进制度的笼子里”，依法治国(资本代理人制定的法律)，放松监管，就是把本属于政府的权力移交给市场，实际是资本。理论上，政府这只“看得见的手”与市场这只“看不见的手”，都生长在社会机体之上，金融资本约束、管制“看得见的手”，这样就让“看不见的手”为所欲为。

经济金融化使权力越来越集中于货币，而掌管货币发行与定价的中央银行成为实际统治者，霸权货币的发行者拥有至高无上的权力。为这一强权政策提供理论支撑的，便是新自由主义的货币学派，亦称货币主义。货币学派认

---

① Paul Marlor Sweezy, “Economic Reminiscences,” *Monthly Review*, 1995, Vol. 47, No. 1: 1-11.

为，货币供应量的变动是引起经济活动和物价水平发生变动的根本原因。从短期看，货币供应量的变化主要影响产量，部分影响物价，但是从长期看，产量完全是由非货币因素（如劳动量、资本量以及技术状况等）决定的，货币供应实际只影响物价水平。货币学派的代表人物弗里德曼强烈反对国家干预经济，主张实行一种“单一规则”的货币政策。这样，就把货币存量作为唯一的政策工具，由央行公开宣布一个在长期内固定不变的货币增长率（如每年增加3%～5%），该增长率应该在保证物价平稳的条件下与预计的实际国民收入长期平均增长率相一致。很显然，货币学派所提出的是一种赤裸裸地为金融资本服务、为金融寡头“鼓”与“呼”的理论，从中已经看不到一丝早期资产阶级的民主进步的色彩。

在西方主流经济学描绘的世界里，极少数人的“理性”是以绝大多数人的“非理性”为前提的，金融领域尤其如此。现代金融就是一个精心包装的巨型“庞氏骗局”，做局者（骗子）通过调动激发大众（傻子）的情绪，使之纷纷参与到骗局中。现代金融抑或就是一个大赌场，庄家们挖空心思，把大众吸引进来，围坐在桌旁，成为赌徒。为了吸引（实乃蛊惑）大众，为金融寡头所豢养的学者们编制了一套理论，唤曰“理性预期”。理性预期的代表性人物卢卡斯指出，人们在预期即将发生的经济变动时，总是倾向于从自身的利益出发，他们根据已获得的所有信息，作出合理而明智的反应。理性预期理论认为，金融市场的竞争是完全的，信息是充分的，交易对手的能力是对称的，如此现有的金融资产价格包含一切有效信息，买卖完全自愿公平，实际就是“愿赌服输”。“理性预期理论认为，按照定义，市场总是正确的，但我认为，金融市场几乎总是错误的，只不过在一定的限度内它有自我验证的能力罢了。”①

新自由主义这些貌似科学（实际也是以“经济科学”的名义）的理论，最终也未能将现代金融（学）打造成一门真正的科学，而是改造成为一门艺术，仿佛一门赌博的艺术、行骗的艺术。最起码，现代金融的艺术性要远大于其科学性。经济金融化就是金融资本试图把整个经济物品（各类商品与服务）变为艺术品，其价值与价格可以严重分离到十分不靠谱的状态。

---

① 乔治·索罗斯：《开放社会：改革全球资本主义》，80页，北京，商务印书馆，2001。

经济金融化主要是借助政府权力实现的

新自由主义者一直鼓吹，经济金融化是天下大势，历史趋势。所谓大势，必然浩浩荡荡，顺之者昌，逆之者亡，客观规律不得违背。然而，实际情形是，经济金融化是垄断金融资本积极推动的，而且主要是借助政府权力来实现的，是华尔街操纵华盛顿来实现的，是金融寡头遥控政治寡头来实现的。摩根士丹利亚洲部前首席经济学家斯蒂芬·罗奇有句名言，“联邦政府就是个乐此不疲的吹泡人”——先是在股票市场上吹起泡沫，然后是债券泡沫，接下去是房地产泡沫、抵押贷款泡沫。[①] 然而，美国联邦政府甚至总统都是代理人，是被牵线的木偶，因为“在资本主义制度中，掌握货币的人也就是最有权力和影响力的人”[②]。金融资本及金融寡头在美国成为“最有权力和影响力的人”，有一个历史的反复过程，透视这个过程，就可以

① 安迪森·维金：《美元的坠落》，44页，广州，广东经济出版社，2006。

② 乔治·索罗斯：《开放社会：改革全球资本主义》，167页，北京，商务印书馆，2001。

很好地了解美国的经济金融化（在全世界最突出也最具代表性）是如何通过联邦政府而展开的。

美国早在19世纪70年代就已超过英国，成为世界第一大经济体。以电力的广泛应用、内燃机和新交通工具的创制、新通信手段的发明以及化学工业的建立为代表的第二次工业革命在美国进展得如火如荼，工业资本及其意识形态在国民经济与国家意志中占据主导地位，强调用关税保护市场借以保护工业资本成长的国家主义，与英国鼓吹的自由主义形成鲜明的对立。而且，经济上的保护主义与外交上的孤立主义是一致的。但是，随着以J.P.摩根为代表的金融资本的实力快速提升，在对政府权力操控、国家意志、经济发展以及对外交往等一系列政策上，与以亨利·福特为代表的工业资本的矛盾日益突出。19世纪后期20世纪初期的产业并购浪潮（形成垄断资本），为金融资本拓展势力提供了新契机，金融资本制造并利用金融危机（“1907年恐慌”），成功地把金融资本的意志上升为国家意志，最终以1913年美国联邦储备局成立为标志，金融资本赢得了与工业资本“平起平坐”的地位。

第一次世界大战期间，美国大发横财，战争结束时，美国已经从资本输入国变为资本输出国，从债务国变成了债权国，而且还是世界最大债权国。“大萧条”出现前十年，美国工业生产增长近1倍，美国工业的标志性行业——汽车制造业实际生产量从1919年到1929年增长了255%，汽车数量从1921年的1 050万辆增至1929年的2 600多万辆，1929年资本主义世界使用的汽车81%是美国制造的。[①]共和党人柯立芝执政时期（1923—1929年）正值美国经济处于稳定发展时期，生产率平均年增长达4%，被称为“柯立芝繁荣”。但是，经济繁荣背后潜藏着日益严重的结构失调：金融资本势力扩张导致虚拟经济即股票市场的日益膨胀。

金融寡头操纵证券交易，操控舆论，把各社会阶层——汽车司机、小业主、店员、主妇甚至学生——都吸进了证券市场，渐趋疯狂地追逐股票价值上涨，而且越涨越买，导致股价几倍甚至几十倍的攀升。股票市场严重供不应求，金融寡头便不断推出新股应市，赚得盆满钵溢。从1925年1月到1929年10月，列入纽约证券交易所目录表上的股票从4.43亿股增加到10亿股以上。一时间，人们

① 吴玉廑、齐世荣：《世界史现代史编》（上卷），153页，北京，高等教育出版社，1994。

见面的话题，只有股票。然而，色彩斑斓的肥皂泡终究要破灭，经济学家鼓吹的“永久繁荣时代”在1929年10月23日迎来了终结，股票市场终于坍塌，犹如拦洪堤坝决口，迅速冲垮了各类金融机构，然后席卷了各个经济部门，整个美国经济濒临崩溃。

在大危机到来之时，时任总统胡佛（1929—1933年）竟然武断地宣布：“无论对于美国经济的未来还是美国企业缺乏信心，都是愚蠢的行为。”胡佛是一个自由主义的拥趸，面对经济危机，固守传统的“自由放任”，反对政府干预，相信自愿救济策略可以渡过难关。很显然，无为而治，束手无策，无疑加剧了危机的蔓延。

金融资本、金融巨头是“大危机”的主要肇事者，“大危机”引致“大萧条”，产生“大冲击”，终结了“镀金时期”。自由主义经济学家灰头土脸，古典自由主义身败名裂。代表工业资本的罗斯福上台后，终结了古典自由主义理论与自由经济政策，代之以凯恩斯主义与干预经济政策，以霹雳手段打击金融资本（有诸多专家分析，这正是华尔街支持纳粹的政治背景）。1933年通过《格拉斯-斯蒂格尔法案》（简称GS法案），严格禁止商业银行从事投资银行业务，尤其是证券的承销和自营买卖业务，严禁商业银行和从事证券业务的机构联营或人员相互兼职。罗斯福政府对金融资本的抑制与打压，以及对工业资本的鼓励与支持，为美国经济社会迎来新的繁荣，由此开启了一个所谓的“伟大社会”时代。

然而，金融资本与金融寡头不甘心他们的失利，在经济、社会乃至政治、思想等各个相关领域积累能量，等待咸鱼翻身的良机。20 世纪 70 年代，西方世界的普遍“滞胀”使凯恩斯主义越发式微，以回复古典自由主义为主要内容的新古典自由主义即新自由主义，以螺旋上升的方式，让自由主义在重构中复辟。

福特主义借助掌控政权，强化工业资本统治。摩根主义同样借助掌控政权，强化金融资本统治。金融资本的代理人就是罗纳德·里根，美国第 40 任（第 49—50 届）总统（1981—1989 年）。近代以来，政府（权力）——市场（即资本，钱力）——社会（民力）相互制衡，构成了国家治理的稳定三角。体现金融资本意志的新自由主义，其主旨在于彰显市场力量，实现金融资本的绝对统治。为彰显资本钱力，必须削弱政府权力，约束社会民力，按照金融资本的意志重新塑造政府与社会。

里根在 1981 年就职典礼上就急切表白：“政府并不是

解决问题的方法，政府本身才是问题所在。”里根政府的整个施政理念集中体现在所谓“里根经济学”，实际是以拉弗、费尔德斯坦等为代表的供给学派理论。供给学派极力鼓吹“资本优先”，主张国家的收入分配、税收财政政策向资本倾斜，并以刺激资本投资、增加供给的名义，主张降低资本所得的边际税率。里根在位时期实践了新自由主义的减税、去监管、削减政府开支三大标志性政策，削减了食物券、住房补助、教育津贴、医疗救济等一般社会福利的支出，努力使政府变小，把政府权力关进制度的笼子里，放松监管，增加金融垄断资本的自由。“美国真正开始放松行业监管是在 20 世纪 80 年代罗纳德·里根执政期间。从那时放松对交通业的管理法规开始，美国政府对银行、电信、能源和媒体的监管在接下来几十年发生了巨大变化。”①

公会是社会力量的重要组成部分，里根政府在削弱政府权力的同时，以铁腕手段镇压工人运动，打击、肢解、改造各种有组织的社会力量。1981 年，拥有 1.5 万名会员的美国职业航空交通管制工会（PATCO），为工资待遇问

---

① 斯蒂芬妮·基希格斯纳：《50 Ideas：放松监管》，见 FT 中文网，2013－08－07。

题，与联邦政府交通部属下的联邦航空管理局进行谈判，谈判在历时半年（2—7月）后破裂。8月3日，PATCO发起罢工。里根政府通过直接逮捕起诉工会领导人、冻结工会罢工基金、解雇参与罢工工人（参与罢工的1.2万名航空调度员统统被解雇，一个不留）等极端方式，严厉镇压了这次罢工。由此开启了用“铁扫帚”——休克方式——积极推进新自由主义政策的先河。

积极促成债务经济，为金融资本赚钱营造了良好的经济与金融环境。欧洲历史表明，金融寡头是战争的重要策源，战争使政府负债，如此既可影响甚至操控政府，同时又能从借贷中增加收益，即很好地实现“从一条牛身上剥下多张皮来”的目标。让政府背上沉重债务，这是金融寡头千百年来不曾更改的经营法则，华尔街的金融家也是如此。里根政府在大规模减税以及削减一般性政府开支的同时，军费与国防开支不断增加，使得政府债务迅速攀升。到里根第二届任期时，“民间”所持有的国债已经从1980年占GDP的26%大幅提升至1989年的41%，创1963年以来的最高纪录。1988年，美国国债总计2.6万亿美元，向国外的借债总额超过了国内，美国从原本世界最大的债权国转变为世界最大的债务国。债券市场尤其是国债市场是一个国家金融市场的基础，也是金融资本推动经济金融化的基础。美国国债市场的发展对于美国经济金融化进而对于美国金融资本的扩张具有深远意义。

第3章

经济金融化与新殖民主义

当资本主义进入帝国主义阶段后，殖民主义几近疯狂。工业资本主义发展为金融资本主义，旧殖民主义被新殖民主义取代。美国虽未冠以帝国之名，但一直在行帝国之实。帝国无疆域，利益遍全球，全球化实质是美国化。

殖民主义是资本主义与生俱来的特质。当资本主义进入帝国主义阶段后，殖民主义几近疯狂，一再掀起抢夺瓜分殖民地的战争，生灵涂炭，人民遭殃。第二次世界大战后，民族独立与解放运动风起云涌，传统的直接剥削、掠夺的殖民方式无以为继，帝国主义转向以不平等贸易与投资方式实施间接剥削与掠夺，旧殖民主义被新殖民主义取代。20世纪80年代后，以工业资本主义为内核的帝国主义上升到以金融资本主义为内核的帝国主义，新殖民主义有了新的发展，经济金融化成为新殖民主义的新形式、新手段。

自由主义是殖民主义的工具

人类社会不同于其他自然群体，主要在于人类社会以阶级划分、国家标识以及相应的阶级与国家意志为体现。每个阶级都有自己的意志，统治阶级的意志就是国家意志，强权、霸权国家的意志往往就是国际主流思想，体现于国际现存秩序中。

自由主义是资产阶级的意志。14—17世纪，随着资产阶级（当时集中为商业资本）诞生与壮大，自由主义思想开始在欧洲萌发。英国最早发生资产阶级革命，当然也是自由主义的重要发源地。但是，直到18世纪中叶工业革命之后，自由主义思想才得以体系性确立。自由主义理论与资产阶级实践（包括制度与体制的建立、内外经济社会政策等）相互促进。自由主义对英国的经济思想、社会思想和政治思想等都产生过很大影响，当英国确立世界霸权后，以自由主义为内核的英国经济思想、社会思想和政治思想便逐渐成为国际主流思想。

在自由主义理论中，最具体系性、最富实践性、最有影响力的是经济自由主义。经济自由主义的早期代表人物是亚当·斯密。斯密的经济自由主义是配第的自然法、洛克的自然权利、诺思的自由贸易、重农学派的自由放任和自然秩序等经济自由观念以及英国早期经济政策的总结和发展。斯密主张让“看不见的手”——市场机制充分发挥作用，让资本主义经济自行调节，自由竞争，让资本主义生产方式按照自己固有的经济规律向前发展。斯密的经济自由主义影响了英国社会精英，凝聚了英国统治阶级共识，清除了英国封建思想残余，最终确立了英国资产阶级统治，促进了英国资本主义发展。

自由主义与对外扩张存在内在联系。英国是在一系列严密、严厉以及长期的保护中实现国家强大的。1815 年强制实施进口关税的《谷物法》（或称《玉米法案》）于 1846 年废除；自 1381 年开始颁布而后不断完善的《航海条例》，直到 1854 年才完全废除；为了保护促进纺织业发展，政府直接规定，严禁羊毛出口，违者坐牢甚至杀头。但是，为充分发挥自己的竞争优势，英国一直积极鼓吹与相对落后国家开展自由贸易，如英国用公开游说与私下贿赂的手法，与葡萄牙签订《梅休因条约》（1703 年），该条约给葡萄牙封建贵族带来了好处（葡萄酒可以行销英国），但是摧毁了葡萄牙正在成长的工业。

工业革命后英国生产力得到了极大的提高，对海外销售市场、原材料的需求越来越大。在这种情形下，英国把斯密经济自由主义理论以及自由贸易政策当作“好政策”和“好制度”，积极向新老大陆、新兴国家、殖民地宣传推广，为英国殖民扩张服务。1860 年同样通过游说与贿赂的方式，英国与法国签订《科布登条约》，该条约一度重创法国的民族工业。英国输出的自由主义思想对新大陆影响深重，美国第三任总统（1801—1809 年）托马斯·杰斐逊（1743—1826）就是斯密的拥趸，他坚决主张美国应当成为一个奉行自由贸易的农业国。亚历山大·汉密尔顿（1757—1804）的国家主义思想在第二次英美战争（1812—1815 年）后，逐渐被美国资产阶级普遍接受，这是美国由农业国向工业国转变的思想前提，是美国走向强大的思想起点。

汉密尔顿的国家主义思想及其实践，被寄居在美国的德国人弗里德里希·李斯特（1789—1846）深刻领悟、接受与发展，这位被尊崇为“德国工业化之父”的经济学家在 1841 年完成其代表作《政治经济学的国民体系》，书中深刻揭露亚当·斯密经济学的荒谬以及英国推行经济自由主义的伪善。

在李斯特看来，经济有私人经济、国家经济和世界经济之分，而且各自明显不同，斯密的理论对私人经济学做出了较好的论述，然而，在国家经济学方面却明显不足，因此用私人经济学来代替国家经济学必然是错误的。斯密等的经济理论抽象掉了“国家”这一实体来谈人类致富，因而是一种“世界主义的经济学”，它完全没有顾及各个国家的不同利益。[①]

对于英国向世界兜售所谓“好政策”和“好制度”的伪善，李斯特的揭露形象而深刻，“这本来是一个极寻常的巧妙手法，一个人当他已攀上了高峰以后，就会把他逐步攀高时所使用的那个梯子一脚踢开，免得别人跟着上来”，“然后向别的国家苦口宣传自由贸易的好处，用着那种过来人后悔莫及的语气告诉它们，它过去走了许多弯路，犯了许多错误，到现在才终于发现了自由贸易这个真理”。[②]

很显然，美国、德国这些新兴市场没有依照英国鼓吹的自由贸易——国际分工的自由主义说教来发展本国经济，而是选择了以发展生产力为核心，以推进工业化为目标，以保护制度为手段，以科技和教育发展为条件，以社会制度改革为保障的经济发展战略。美国强大了，紧接着德国强大了，抛弃自由主义的法国强大了，而后日本也强大了，这些“学英国所做的而不是所说的”新兴国家相继走上了

---

① 弗里德里希·李斯特：《政治经济学的国民体系》，107页，北京，商务印书馆，1982。

② 同上书，307页。

帝国主义—殖民主义的发展道路。而那些信奉英国的说教、执迷于自由主义的国家（如西班牙、葡萄牙等）在持续落后中不断沉沦。

美国强大后接过（实际上是抢夺了）英国的权杖，同时沿用、发展、完善自由主义思想，来治理与统治世界。美国的资本主义制度未变，因此强盛后推行殖民主义的本质不变。殖民主义是资本主义与生俱来的特质。只要资本主义存在，就有殖民主义土壤，殖民主义是资本主义的固有产物，新殖民主义则是资本主义发展的必然。著名革命家、思想家罗莎·卢森堡认为，资本主义是以非资本主义存在为条件的，非资本主义的组织为资本主义提供了肥沃的土壤。列宁指出，“殖民政策和帝国主义根本不是资本主义的一种可以医好的病变（像包括考茨基在内的庸人们所想的那样），而是资本主义基础本身发展的必然结果”。[①] “帝国主义并没有也不可能放弃殖民政策，它们除了继续残酷地压榨余下的殖民地外，更重要的是采取新的方式，推行新殖民主义。它们用各种军事、政治手段来把殖民地国家和已经宣告独立的国家置于它们的控制和奴役之下，同

① 《列宁全集》，2版，第27卷，20页，北京，人民出版社，1990。

时，它们利用经济‘援助’等方式，继续把这些国家作为它们的销售市场、原料供应基地和资本输出的场所，以掠夺这些国家的财富，压榨这些国家的人民。”①

美国虽然没有冠以帝国之名，但是一直在行帝国之实。但是，美帝国的经济、社会与政治结构不同于英帝国，所处的国际环境也不同于英帝国，美帝国与英帝国处于帝国主义的不同发展阶段，因此第二次世界大战后美帝国主导下的“资本主义—殖民主义”秩序不同于英帝国，采取了不同的殖民方式，即新殖民主义。殖民主义新实践需要更新殖民主义理论，用以解释殖民主义实践以及指导殖民主义政策的制定，如此，自由主义便为新自由主义所代替。

新自由主义是新殖民主义的工具

第二次世界大战后，殖民地的民族解放运动风起云涌。一开始，西方殖民宗主国纷纷采取武力干涉，以阻止越南、马来西亚、印度尼西亚、阿尔及利亚等国家和地区的民族

① 《战后帝国主义经济》，142页，上海，上海人民出版社，1972。

独立。但是，殖民战争与讨伐远征根本无法阻挡民族觉醒与独立的进程。1962 年 3 月 23 日，美国前总统肯尼迪在加利福尼亚大学发表演讲，不得不承认“民族独立革命是阻挡不了的”。于是，西方殖民宗主国主动变换花招，妄图在丧失殖民统治的名义之下，取得或保留昔日殖民统治的实际利益。

大致是从 20 世纪 50 年代后期开始，西方殖民宗主国从旧殖民主义转变为新殖民主义，主要方式有：在政治上，在新独立的发展中国家积极培养代理人，支持统治阶级的上层及当地的资本主义势力，保证稳定的政治局面，把发展中国家继续保留在世界资本主义范围内；在经济上，采取了新的经济策略，继续使发展中国家充当原料产地、销售市场和投资场所，以便获取高额垄断利润。即“法律上的政治殖民化”被“事实上的经济殖民化”代替；名义上政治获得独立，实际上经济处于依附。在旧殖民主义时期，殖民地对宗主国是政治从属关系。在新殖民主义时期，发展中国家对原西方宗主国保持一种不对称的相互依赖关系——实质就是依附关系。美国学者斯塔夫里亚诺斯在《全球分裂：第三世界的历史进程》一书中写道：“如果说殖民主义是一种凭借强权来直接进行统治的制度，那么新殖民主义就是一种以让予政治独立来换取经济上的依附和剥削的间接统治制度。”①

新殖民主义方式的一个重大调整是西方殖民宗主国进行力量整合，形成集体宗主国同盟，共同维护殖民体系。面对发展中国家崛起的国际新形势，西方殖民宗主国意识到，单打独斗以及窝里斗的不必要的力量消耗必须得到纠正，因此在英、美权杖移交之际，帝国主义国家之间进行了新的力量整合，即在共同利益、目标和战略的基础上实现国际社会阶级联合。1968 年成立了罗马俱乐部，在为了全人类共同利益的口号下，以推进全球问题治理为导向，确保美、欧新老殖民宗主国，作为资本主义政治经济中心，对整个国际体系实施有效控制。1973 年成立了三边委员会，加强西方垄断资产阶级内部团结，消除帝国主义国家之间的矛盾，制定共同的全球战略，建立一个以北美、西欧、日本为核心的“世界秩序”。1975 年由资本主义世界最强大、最有影响的国家参加的、体现垄断资本和国家官僚利益的“七国集团”开始运作，由此帝国主义的全球治理进入了一个新阶段，新殖民主义战略逐渐成为西方强国的集

① 斯塔夫里亚诺斯：《全球分裂：第三世界的历史进程》（下册），486 页，北京，商务印书馆，1993。

体战略，“七国集团”成为集体宗主国。

20世纪60年代初，“新殖民主义”一词开始在学术界流行。加纳前总理恩克鲁玛60年代撰写的《新殖民主义：帝国主义的最后阶段》对新殖民主义作了深刻透视，“新殖民主义已经代替殖民主义而成为帝国主义的主要工具”，“是帝国主义的最后的也许是最危险的阶段”。“新殖民主义的实质是，在它控制下的国家从理论上说是独立的，而且具有国际主权的一切外表。实际上，它的经济制度，从而它的政治政策，都是受外力支配的”①，“新殖民主义是以大财团控制名义上取得独立的国家作为基础的”②。

新殖民主义一开始用贸易、投资把发展中国家纳入西方国家主导的国际分工体系，在该国际分工中，发达国家处于设计、专利、核心制造、营销的“微笑曲线”高端，而发展中国家则处于代工制造（组装贴牌）的“微笑曲线”低端。实际由西方国家主导的世界银行、国际货币基金组织、世界贸易组织（前身是“关税与贸易总协定”）在新型国际分工中扮演管理与监督的角色。

---

① 克瓦米·恩克鲁玛：《新殖民主义：帝国主义的最后阶段》，1页，北京，世界知识出版社，1966。

② 同上书，33页。

随着金融资本在发达资本主义国家占据绝对主导地位，在完成国内经济金融化——后工业经济（社会）之后，金融垄断资本操控国家政权以及国际组织，以所谓“华盛顿共识”向一个个发展中国家尤其是新兴市场施压、促其金融开放，其中最为关键的是资本账户开放与货币自由兑换。“华盛顿共识”就是依据新自由主义理论而制定的自由主义经济政策。“新自由主义是美国等西方资本主义发达国家向发展中国家和社会主义国家推行新殖民主义的思想武器，对于发展中的社会主义国家来说，更是一个实行和平演变、从根本上瓦解社会主义制度的一把软刀子。”①

如此，继发达国家之后，经济金融化在世界范围内尤其是新兴市场积极推进，金融资本开始渗透到相关发展中国家的每一个领域，国际金融资本逻辑刷新相关发展中国家的理论与政策。列宁指出：“金融资本是一种存在于一切经济关系和一切国际关系中的巨大力量，可以说是起决定性作用的力量，它甚至能够支配而且实际上已经支配着一些政治上完全独立的国家。”② 今天，金融资本可以说是法

① 丁冰：《失灵的药方——看西方学者如何批评新自由主义》，载《红旗文稿》，2009（3）。

② 《列宁全集》，2版，395页，北京，人民出版社，1990。

力无边，近乎支配所有的国家。经济金融化与新自由主义铺就了绝对不是通向繁荣富裕的金光大道，而是“通往奴役之路”。

新自由主义的代表人物弗里德里希·哈耶克（1899—1992）在1944年出版的《通往奴役之路》一书中认为，任何政府计划、对消费者的保护、对民众的帮助都是法西斯主义，都会导致奴役。作为新自由主义一大门派——芝加哥学派一直视政府计划为通往奴役之路的根本原因。然而，美国著名的非主流经济学家迈克尔·赫德森则认为，芝加哥学派的自由经济政策才是真正的通往奴役之路。“真正的通往奴役之路是金融业把政府排除在外，把计划集中到银行业的手中。正如你所看到的，在华尔街，当经济计划集中在贝尔斯登、花旗、大通曼哈顿和摩根士丹利的手中时，它们的目的是为它们生产的产品找到尽可能多的顾客，而它们生产的产品是债务。所以真正的奴役之路是以强制的劳役偿还债务的道路，这与罗马强制每一个陷入奴役的国家所走的是相同的道路。”①

① 嵇飞：《虚拟经济论：金融资本与通往奴役之路——迈克尔·赫德森访谈》，载《国外理论动态》，2009（1）。

美国努力兜售新自由主义，积极推动经济全球化与经济金融化

1. 无帝国之名而行帝国之实

所谓帝国，盖指领土辽阔、人口众多、统治或支配多个民族或邦国、强盛一时的君主制政体国家。美国不是君主制政体，名义上称不上帝国，但是多年来美国所作所为可以说是一个标准的帝国。美国学者罗伯特·希格斯认为，现在美国在全球 140 多个国家中拥有 800 多个军事基地，大量美国军队在运营着这些基地，并通过这些基地执行作战任务，更不要说每天还有 12.5 万名海军和海军陆战队人员在全球各大洋上巡弋。如果这不是帝国，又能是什么？控制着这台庞大军事机器的美国领导人当然不愿意用“帝国”这个有些邪恶的词语来描述美国的军事霸权，而总是使用“寻求地区稳定和安全”、“威慑可能的地区冲突”、“促进各国的经济发展和合作”等美好的词语来描述美军在全球的

行动，这也使得美国的意愿和行动看起来十分“崇高”。①

有关美国的帝国之实的一个重要事实依据是，美国自建国以来一直积极推进殖民扩张政策，从原本 13 个州、32 万平方公里、200 多万人口的小国，扩张到 50 个州、本土 936 万平方公里、人口 3.1 亿的大国。在旧殖民主义无以为继之际，美国则积极推行新殖民主义政策。事实上，美国也毫不隐晦自己的新殖民主义政策。1993 年 4 月 8 日《纽约时报》刊载保罗·约翰逊的文章《殖民主义卷土重来——并不为时太早》指出，一些国家还不适合统治自己，而文明世界负有到这些危急地方进行统治的使命。已经负担过重的美国将不得不再次担负起主要责任，当然它会得到英、法的支持。“唯一令人感到满意的将是千百万在管理无方的政府统治下的人民或无人管的人民无声的感谢，他们将发现这种利他主义的殖民主义卷土重来是摆脱目前难以消除的苦难的唯一途径。”② 新殖民主义政策的核心就是向世界兜售新自由主义，积极推行经济全球化与经济金融化，诱导或迫使发展中国家走依附性的资本主义发展道路。

---

① 罗伯特·希格斯：《中央司令部的大计划，以及美国的全球霸权》，见美国“反战”网站，2008-07-22；《美国在全球 140 多个国家拥有 800 多军事基地》，载《环球时报》，2008-07-28。

② 《参考资料》，1993-06-09。

2. 美国努力兜售新自由主义

新自由主义在诸多发展中国家一度拥有很好的声誉与大批拥趸，但是在西方，一些攻读经济学的大学生和研究生把新自由主义经济学视为怪论，把新自由主义经济学家视为怪物。**“在1945年或1950年，如果你真诚地提出一些今天标准上的新自由主义的观念或政策，你将会受到嘲笑或被送入疯人院。”**[①] 道理很简单，因为新自由主义脱离人类的生活常识与认知逻辑，诸如“理性经济人”这类基本命题是荒诞不经的。

在美国，自20世纪30年代“大萧条”以来，历届总统，除里根在若干领域推行新自由主义之外，包括里根之前的罗斯福、杜鲁门、艾森豪威尔、肯尼迪、约翰逊、尼克松、福特、卡特，以及里根之后的布什、克林顿、乔治·W·布什以及现任奥巴马，都信奉或基本信奉国家干预主义，基本上都是凯恩斯主义者。但是，里根之后的几届美国政府很明显都热衷于搞双重政策：对内实行或基本实行国家干预主义；对外却诱导或胁迫发展中国家和转型国

① 安德森：《新自由主义的历史和教训》，见李其庆：《全球化与新自由主义》，30页，南宁，广西师范大学出版社，2003。

家（从计划经济向市场经济转变的前苏东国家）彻底实行新自由主义。典型例证之一是美国的贸易政策：自己以贸易保护主义为基调，却强压别国推行贸易自由主义，实行贸易自由化。其目的只有一个：一切都是“为了美国利益”。所谓美国利益，实质是美国垄断资本的利益。①

兜售新自由主义不是目的，目的是在新自由主义理论之下实施一系列的自由经济政策，集中体现为“华盛顿共识”，使相关国家走依附性的资本主义发展道路。“西方各发达国家在国内甚至在国际生活中厉行国家干预主义政策，但要求广大发展中国家特别是社会主义国家推行新自由主义改革模式和经济政策，取消国家对经济生活的管理特别是计划管理，洞开国内市场，与西方国家牢牢控制的世界经济接轨，其目的无非是要在发展中国家恢复殖民主义统治，在社会主义国家搞和平演变，演变为资本主义，或外围资本主义。”②

美国在兜售推广新自由主义过程中，使用诱骗与胁迫两手，即一贯的“胡萝卜加大棒”。美国政府曾公布非洲政

① 吴易风：《简论新自由主义经济学》，载《思想理论教育导刊》，2004（5）。

② 陈岱孙：《西方经济学与我国社会主义经济改革》，载《求是》，1996（2）。

策，并非任何一个非洲国家都能享受美国提供经济“优惠待遇”，只有那些制度民主化、企业私营化，尊重人权，对美国商品开放市场，并最大限度降低关税、致力于经济自由化改革的国家，才能享受这些待遇。然而，民主与人权、私营化与自由化的标准则由美国说了算。一旦诱骗不成，就用胁迫，不能自愿交易，就会强买强卖，目标国政府倘若不接受新自由主义，那么等待它们的就是“军事政变”（如智利、阿根廷、菲律宾等国），抑或“和平演变”、“颜色革命”（诸多前苏东国家、伊斯兰国家）。肯尼迪在《和平战略》一书中公开叫嚣“美援”可以增加“印度和不承担义务的不发达国家……和平演变的机会”。美国《波士顿环球报》1999 年 7 月 5 日载文公开叫嚣：“各国已被正告，如不遵循西方的标准，就会招致干预。”①

3. 美国积极推行经济全球化

帝国无疆界，利益遍全球，全球化实质是美国化。“全球化是美国最根本的国家利益所在”，美国经济战略研究所所长克莱德·普雷斯托维茨认为，冷战结束之后，美国所取得的

---

① 朱穆之：《驳“人权高于主权”》，载《人民日报》，2000－03－02。

“惊人的增长与繁荣并不仅仅是由于美国人工作得比较辛苦和聪明，在很大程度上也得益于从国外注入的资本、商品和服务。这种注入为美国的借贷提供了资金，保证了美元汇率上扬和通货膨胀停留在低水平上。外国市场使美国制造商和出口商得以制造和销售更多的商品，并且由于出口量的增加而降低了成本”①。“至少在金融市场上，迄今为止，具有重大意义的，与其说是全球化，还不如说是美国化。”②

经济全球化是一个周期性的世界现象。依照人流、物流、资金流、信息流即所谓“四大要素流动”来全面衡量，第一次世界大战前的全球化要比 20 世纪 80 年代开启的新一轮全球化更为广泛、更为深刻。上一轮全球化主要由英帝国主导，是人员、商品、资金、信息的全面自由化，是典型的英国化。新一轮全球化主要由美帝国主导，主要是以资本自由流动为核心的自由化，人员流动被严格限制，商品与服务流动被严格管理，是典型的美国化。美国主导经济全球化的进程，制定经济全球化游戏的基本规则——“华盛顿共识”。“华盛顿共识”最早是美国学者（约翰·威

① 《谁来统治地球村》，载《华盛顿邮报》，2000－04－04。

② 汉斯·彼得·马本、哈特尔特·舒曼：《全球化陷阱》，北京，中央编译出版社，1998。

廉森于1990年初）的应景之作，但是很快成为美国财政部、国际货币基金组织、世界银行、“七国集团”以及其他一些国际组织的共识，成为西方国家主导经济全球化的共识。“华盛顿共识”涉及财政、货币、税收、利率、汇率、国企等一系列政策，其中市场化、私有化、自由化与国际化，是新自由主义政策的集中体现。

美国的国家性质决定了全球化的性质。经济全球化的实质，是以美国为首的西方资本主义的国际化，而这种国际化的过程，正是新殖民主义经济、政治政策促成的。著名马克思主义经济理论家陈其人认为，第二次世界大战后40多年里，殖民地国家即政治殖民地几乎完全获得独立，成为主权国家。但政治殖民地消失后，经济殖民地即新形式的殖民地依然存在。美国经济实力雄厚，企图统治除社会主义国家以外的世界，但美国无须将这些国家变成政治殖民地。除了在某些国家建立军事基地外，美国可通过经济力量，特别是美元，建立美元帝国。“这是新的殖民帝国或殖民主义”，“用经济力量，争夺和建立经济殖民地，就成为当代殖民主义的特点”。[①] 全球化，实质是美国化，是

---

① 陈其人：《殖民地的经济分析史和当代殖民主义》，268～269页，上海，上海社会科学院出版社，1994。

以美国为首的西方资本主义的国际化，对于广大发展中国家而言就是新殖民主义化。

促进与保障美元国际环流成为美国新殖民主义的核心

新殖民主义推销员，“他们手中拿的是计算器而不是枪支；他们穿的是上班时的服装，而不是战斗服装；他们宣传的是自由市场经济的福音，而不是传教的福音。新殖民主义者是以世界银行和国际货币基金组织为首的国际捐赠者，但也包括西方各国大使馆、商业银行和新兴的非政府组织人员。他们并不大事声张，也不使用枪炮，便在发展中国家里扩展了势力，这种势力要比任何武力所达到的大得多和阴险得多”①。

古罗马时代，帝国与殖民就是一枚硬币的两面。近代以来，资本主义为了获取原材料与商品销售市场，先是欧洲而后美国一再掀起殖民剥削与掠夺的狂热，殖民主义成

① 《新殖民主义》，载美国《新闻周刊》，1994-08-01。见《参考消息》，1994-07-31。

为帝国主义的底色。全球化的今天，帝国主义改变的只是殖民形式，剥削与掠夺的实质不变。在新殖民主义推销员推销的一揽子“华盛顿共识”的新自由主义政策中，经济金融化是核心内容，是金融资本主义的主导经济政策，金融剥削与掠夺成为金融资本主义的主要积累方式，华尔街及美元霸权是金融资本主义全球统治的阶级基础与主要支柱。“货币和金融的这种新体系是全球化的整个动态系统的互联机制的中央发动机之一，而且这种新体系绝非是经济和技术有机活动过程的自然产物，它完全是某个国家——美国的历届政府所作的政治决策的政治结果。”① 美国积极推行经济金融化的主要方略有以下几点：

一是资本输出，包括国家资本输出，以债务来控制发展中国家。通过资本输出，带动过剩商品与过剩产能输出。“资本主义从来都是垄断的，商品和资本从未中止过齐头并进，因为资金和信贷从来就是触及和打开外部市场的最可靠的手段。”② 通过资本输出，建立新型国际分工体系，把广大发展中国家锁定在国际分工的低端，即所谓“微笑曲

① 彼得·高恩：《华盛顿的全球赌博》，顾薇、金芳译，8页，南京，江苏人民出版社，2003。

② 费尔南·布罗代尔：《资本主义的动力》，杨起译，78页，北京，生活·读书·新知三联书店，1997。

线”的低端。通过资本输出，给发展中国家套上愈发沉重的债务枷锁。

早在20世纪60年代中期，恩克鲁玛就指出新殖民主义的一种手段就是采用高利率放贷，使发展中国家背上沉重的债务负担。据世界银行发布的1962年的数据，71个亚非拉国家负有外债约计270亿美元，而它们为这些外债支付的利息和服务费达50亿美元左右。[①] 1980年发展中国家未清偿的中长期外债总额为4 233亿美元。1986年发展中国家外债总额增加到11 200亿美元。1990年所有发展中国家债务总额已达13 190亿美元。[②] 到90年代中期，第三世界国家的外债总额已达19 000亿美元。沉重的债务负担，使诸多发展中国家陷入经济危机、社会动荡乃至政治更迭，由此一步步沦落为以美国为首的西方国家的实际附庸。

二是制造金融动荡，迫使发展中国家不断积累外汇储备，由此产生对美国的依赖。金融自由化往往可以带来短暂的繁荣——实际是金融资本制造的经济泡沫，在东道国中产阶层以上的人群中产生“羊群效应”，纷纷参与相关资

① 克瓦米·恩克鲁玛：《新殖民主义：帝国主义的最后阶段》，248页，北京，世界知识出版社，1966。

② 甄炳禧：《债务：第三世界的桎梏》，北京，世界知识出版社，1991。

产的赌博投机。当泡沫吹得足够大后，国际金融资本急速撤离，东道国的相关资产急速滑落，由此爆发金融危机，这是一个以一国为赌场的“庞氏骗局”，而且不断在信奉自由主义而实施金融开放的国家中上演。

经济金融化与国际资本自由流动，使得经济危机越来越集中于金融危机，而金融危机越来越集中于汇率危机。为应对汇率危机，防范经济与社会动荡，发展中国家尤其是新兴市场不得不增加外汇储备。全球12万亿美元外汇储备，60%以上是美元，70%以上由发展中国家持有，由此产生日趋严重的对美元、美国金融市场、美国金融机构的依赖——实质是依附，故而落入所谓的“美元陷阱”，即新殖民主义。

20世纪70年代初美元与黄金脱钩后，美金实际蜕变为美钞，纯信用货币。长期以来，美元利率低，实际不断贬值，因此持有美元越多，向美国缴纳的“铸币税”就越大。为防止货币替代——更坏的选择，很多国家不得不购买美国等西方国家的债券，由此导致资金缺乏的一方（基本上是南方穷国）向资金富裕的一方（北方富国）逆向流动。20世纪90年代中期每年资本倒流（即从南方流到北方）的数额已超过600亿美元。① 当今仅中国向发达国家流出的资金每年就超过1 000亿美元。这是发展中国家向发达国家每年缴纳的不断增长的贡赋。而发达国家利用发展中国家的廉价资金，除去本国消费与信贷外，再到发展中国家投资，套取5%以上的利差。

三是促进美元国际环流。全球化、金融化使得金融资本主义近乎遍及世界每个角落，美元所及实际就是美国影响力所及，抑或金融资本主义影响力所及。美国联邦储备局是国际美元资本的心脏，它（心脏）通过华尔街（动脉），将廉价美元资金输送到世界各地，在各个主权国家的中央银行（毛细血管）象征性兑换成本币，再由形形色色的跨国公司（细胞）完成资金与商品或服务的交换，然后通过相对应的机制进行环流。美元资本循环犹如人体血液循环，不过与人体血液循环所不同的是，人体心脏—动脉输送的是氧气养分，而回收的是二氧化碳与废物，美元环流输出的是廉价美元——废物，回收的则是实在的商品与服务——养分，供养美国。多年来，美国正是通过美元国际环流，实现金融霸权，攫取巨额利益的。因此，美国的

① E. 拉兹洛：《决定命运的选择：21世纪的生存抉择》，李吟波等译，49页，北京，生活·读书·新知三联书店，1997。

统治阶级是剥削阶级、美利坚民族是压迫民族的本质没有改变。

美元国际环流的关键是各国资本项目自由化，只有让崎岖不平的世界更加平坦，消除妨碍资本自由流动的各种障碍，美元国际环流才能顺利完成。为此，美国建立与强化一系列经济与金融机制，包括国际货币基金组织、世界银行以及国际贸易组织（如《与贸易有关的投资措施协议》）等国际组织，对美元资本流动实施保障与监管。多年来，美国积极用新自由主义理论（集中为货币主义）来刷新各国央行的指导思想，或通过各种运作将华尔街的代理人输送到相关国家中央银行的关键位置，努力鼓励与促进各国央行趋于并保持独立，成为完善美元国际环流机制建设的重要一环。阿根廷等拉美国家、泰国等东南亚国家、希腊等欧洲国家的“成功经验”显示，相关国家的央行一旦取得独立，推进经济金融化、放松金融监管、加大金融开放等一切有利于美元国际环流、强化美元霸权的政策与措施便顺理成章，这些国家的央行某种意义上实际成为美联储的海外分支机构，自觉为美元国际环流服务。

第4章

经济金融化祸害美国等西方国家

金融资本像细菌厌恶真空一样厌恶金融稳定，只有动荡才能投机获利。经济金融化刷新了美国的政府、市场、社会，美国的经济危机、社会危机、国家危机和霸权危机等已从周期性变为常态化。

经济金融化使金融资本（集团）赚得盆满钵溢，但是对金融资本的宿主（相关主权国家）弊多利少且愈发有害，令英、美等西方国家变成了所谓“赌场资本主义”。经济金融化全面刷新了美国，使得金融资本对美国经济、社会、政治的操控日益严重，加剧了美国金融的脆弱性、经济的不稳定性、社会的不公平性、政治的不均衡性。正是因为全面深入的金融化，美国正在面临或必将遭遇金融经济、社会政治、国家认同以及国际霸权等系列危机。美国危机从周期化变为常态化，从“时有发生”变为“随时发生”。

金融资本操控西方政权推进经济金融化

新自由主义者将经济金融化视为一种不可阻挡的历史

趋势。世界发展史揭示，市场并非自生自灭，有规模的市场以及重要的市场主体如企业，基本上都是由政府决定的，政府规定着市场的形式与内容。金融市场当然也不例外。经济金融化是金融资本通过代理人操控政权（即权力被关在由资本设计的制度的笼子里），而后由政府制定政策并积极推动的结果。资本的意志变为国家与政府的意志，政府通过政策落实与舆论宣传，将其变为大众的认知与行为。

西方国家是经济金融化的先行者，其中英、美最具代表意义。美国的政治制度决定了金钱是美国政治的母乳。金融寡头直接向政府输送代理人，梅隆财团出财长，洛克菲勒财团出国务卿，在美国政治非但不是什么丑闻，而且长期被视为佳话。第二次世界大战后，不仅是主要阁僚而且就连美国总统，都越来越倚重金融寡头的支持。资金实力成为总统选举决胜之关键，谁筹得的竞选经费多，谁就更有可能当选总统。现任总统奥巴马竞选耗资 6 亿多美元，打破了美国总统选举经费的纪录。

美国著名政治学家托马斯·戴伊在《谁掌管美国》一书中说：“在美国，有这样一个权势集团，他们仅占美国人口的百万分之二，却拥有全国半数的工业资产，五分之四的银行资产，一半以上的交通运输业与公共事业资产和三分之二的保险业资产。由于这个集团的存在，美国国家的政治权力形成了双层结构，即掌握最高权力的权势集团和政府、国会、联邦法院等‘直接决策者’，而直接决策者的行动仅仅是制定国家政策这个远为复杂的程序的最后阶段。”金融寡头不仅可以推送代理人——候选人当选，而且可以保证当选后的总统是否拥有实际权力，推行有利于金融寡头的系列内政与外交政策。如此，演绎出钱力与权力共生，政界与商界共谋，风助火势，火借风威的美国政治生态。

经济金融化是金融寡头的利益所系、意志所在，美国的金融寡头操控美国政府，积极推进经济金融化政策。美国的经济金融化并非自然选择，更非历史趋势，而是美国政府在金融寡头操纵下刻意安排并长期实施的结果。美国政府在金融化进程中的作用主要通过两种途径来实现：从国内来看，主要通过减少和削弱对金融部门的监管，以及制定有利于金融资本提高利润等相关措施来实现；就国际而言，主要通过强大的军事、科技（集中为信息技术）力量和美元在国际货币体系中的霸权地位，强行推行以货币和金融为中枢神经的全球化来实现。

在美国，金融寡头有一个分享国家权力的特殊机制，这种特殊机制就是美国联邦储备银行，然而美国联邦储备银行“既不是联邦，又没有储备，也不是银行”。美联储名义上是美国的中央银行，实际上是一类特殊的私人银行；在私人银行股份安排上，名义上有12家储备银行，实际控制者则是美联储纽约银行，而美联储纽约银行由花旗银行、大通曼哈顿、摩根信托、汉诺威、汉化银行五家机构控制。美国的中央银行——美联储实际是金融寡头直接控制、借以对美国实施金融资本统治的平台与工具。

美国金融寡头利用金融危机（1907年）要挟政府而最终成立了美联储（1913年）。美联储成立后，逐步拓展自己的权力，其中最为关键的步骤：一是取得了美国货币（美元）发行权——最重要的一类经济主权。美国政府要想得到美元，就必须将美国国民的未来税收（国债）抵押给美联储，由美联储来发行“美联储券”——美元。二是取得了美国政府的经济治权——货币政策制定与实施权。金融寡头通过一系列的制度设计削弱财政部的权力，以及制造一系列经济理论藩篱（如货币主义），使得货币政策取代财政政策成为主要经济调控手段后，美联储就成为美国经济的中枢，实际掌控了美国的经济命脉。

作为“市场神话”的体现，美联储以人事独立和预算独立为标榜，实际上成为与美国联邦政府平起平坐的权力机构。问题在于，美国总统的任期只有4年，美联储主席的任期则长达14年；在权力行使上，美联储主席不需要大选，不需要与国会议员谈判，权力独大，美联储名义上有一个委员会搞所谓民主决策，实质上主席独裁，成为所谓的“经济沙皇”。正是有了美联储这一工具与平台的存在与运行，代表金融寡头利益的经济金融化政策，在几十年间，就全面彻底地刷新或格式化了美国的经济与社会。

西方民主政治的制度设计有利于金融资本与金融寡头，或者说，正是金融资本与金融寡头设计制定了西方民主政治制度，或者根据自己利益最大化需要而不断调整过去制定的政治制度。2010年1月21日，美国最高法院裁决，废除了有关限制公司和工会在美国政治竞选中捐款的规定，即推翻了2002年制定的《竞选财务法》的有关献金条款。根据该裁决，美国总统及国会议员的候选人在竞选中可以无限度地利用相关资金援助。奥巴马总统此后尖锐地批评最高法院的裁决，称该裁决是对“民主本身”的打击，为数额无限的竞选献金“打开了闸门”，为特殊利益的说客“提供了新的手段”。①

---

① 徐启生：《美国最高法院裁决政府不得禁止或限制竞选献金》，载《光明日报》，2010-01-28。

金融资本与金融寡头除了通过“权钱交织”直接控制政府，还可以通过经济（市场）影响力来绑架政府，乃至整个国民经济。金融资本通过兼并使自己成为富可敌国的金融集团，由此出现“太大而不能倒”的所谓道德风险，因为这类巨型金融机构一旦破产倒闭，极有可能酿成整个国家的经济与社会灾难。有鉴于此，金融业以钱生钱，拼命豪赌，赢了归自己，亏了靠国家。政府若不会（当然肯定不会）放任危机蔓延恶化，就必须动用大量纳税人的钱来拯救金融业。1998 年的长期资本管理公司（LTCM），以及 2008 年的美国国际集团（AIG）和高盛、美林、花旗等金融机构，都是在“太大而不能倒”的道德风险下，把政府绑架了、挟持了。

正是在政府的积极推动下，抑或积极配合下，美国的经济金融化进展神速，短短几十年间就取得了丰硕成果。根据美国经济分析局的统计资料，自 1950 年以来，金融、保险、房地产业部门在美国 GDP 中所占份额由 1950 年的约 10%持续上升，1990 年达到 18%，首次超过制造业，2005 年达到约 25%，到美国次贷危机爆发之前的 2007 年，更是达到历史高点，约 30%。与此同时，实体经济在美国 GDP 中所占份额不断下降，1950 年为 61.78%，到 2007 年为

33.99%，其中同期的制造业由27%下降为11.7%。美国整个产业空心化的趋势非常严重。

随着经济金融化的推进，美国金融部门利润在全部企业利润中的比例在波折中不断上升，而且占比增幅和金融化推进速度、广度与深度相关。从1963年的16.3%增加到1980年的19.3%，1984年为15.1%，从1960年到1984年平均值是17.4%。但是，1985年以后，金融部门利润在全部企业利润中占比的增速加快，1985年为20.9%，2001年为41.4%，2002年为43.8%，2003年为42.9%。2007年次贷危机的爆发使得该比例大幅下降，2008年降为13.4%，2009年又回升到36.7%，2010年该比例为35.4%。[①] 美国金融行业员工收入与全社会平均报酬之比也明显上涨，1948—1982年在99%～108%波动，1983年开始火箭式上扬，2007年达到181%。

据统计，如果将美国危机前所有金融资产（包括担保债务凭证（CDO）、信贷违约掉期（CDS）、各种金融衍生合约以及各种可以交易和转让的资产等）的价值都计算在内，未到期虚拟资产总额达到400万亿～500万亿美元。而

---

① 马锦生：《资本主义金融化与金融资本主义研究》，“第六章 美国经济金融化分析”，见中国知网（博士论文）。

同期的美国 GDP 只有 12 万亿～14 万亿美元。亦即，美国以 12 万亿～14 万亿美元的国民收入制造了高达 400 万亿～500 万亿美元的资产价值，实体经济与虚拟经济已经完全脱节。

爱泼斯坦（Epstein）指出："金融化是指在国内和国际两个层面上，金融市场、金融机构以及金融业精英们对经济运行和经济管理制度的重要性不断提升的过程。"① 随着经济金融化不断推进，金融化刷新的不只是经济，更有社会，即社会金融化，由此，资本主义的社会形态已经发生了重大改变——金融资本不仅控制了政治、经济，还有社会，进而控制了整个国家，美国由此成为地地道道的金融资本主义国家。

经济金融化全面刷新了美国政治经济社会

经济金融化使得金融不仅成为美国经济的核心，而且成为美国政治、社会的核心，即美国政治、经济、社会依

① Epstein，G.（ed.），*Financialization and the World Economy*，Cheltenham and Northampton：Edward Elgar，2005.

照金融逻辑实行全面彻底的格式化。

经济金融化全面刷新了美国政府，政府政策愈发倾向于金融资本，即经济政策寡头化。经济政策寡头化的集中体现之一就是不断加码推行有利于金融资本的减税政策。有专家认为，2007年开始的美国次贷危机与2009年欧洲债务危机主要是社会福利制度危机，即美、欧经济体系不堪社会高福利的重负而最终酿成危机。其实，这种认知很表象、很浅显。第二次世界大战后，西方国家的福利制度逐渐走向巅峰，但是“从摇篮到坟墓”的系列福利政策，并没有引发财政危机。问题是20世纪80年代后，在新自由主义的影响下，美、欧多国实施对资本（富人）倍加友好的经济政策——大幅减税，如此财政收入的减少不足以弥补政府开支的增加，透支日趋严重，债务日益积累，最终发生危机。

例如，在西方大国中，法国和德国的债务问题要明显轻于英国和美国，法、德的税率在1930—2010年稳定保持在50%～60%（在末期有轻微的减少），英、美的税率则从1930—1980年的80%～90%降至1980—2010年的30%～40%（1986年里根税改后有一个28%的低点）。[1] 有一类说

---

① 托马斯·皮凯蒂：《21世纪资本论》，494页，北京，中信出版社，2014。

法很有迷惑性，即第二次世界大战后战败国日、德奋起直追，到 20 世纪 70 年代逼近英、美，英、美为促进本国经济增长而调低税率。然而，"1980 年以来在发达国家最高边际税率下降和生产力增长率之间没有统计上的显著关系。具体来说，决定性的事实是自 1980 年以来所有富裕国家人均国内生产总值增长率几乎完全一致。1980 年以来英国和美国并没有比德国、法国、日本、丹麦或瑞典增长得更快。"① 由此，以减税促进经济增长的托辞并不成立，减税实质就是对资本尤其是金融资本实施亲善政策。

经济金融化全面刷新了美国市场，作为主要的市场主体——生产者与消费者无不深深打上金融烙印。市场主体金融化集中体现为企业金融化以及居民家庭金融化。② 股东利益最大化极大且持久地改变了企业经营管理模式，企业积累的重心由生产性渠道越来越多地偏向于金融渠道，企业（管理层）关注股价更甚于关注生产，关注利润更甚于关注员工，因为雇员仅仅作为股东谋取最大化利润的手段，企业非但不重视开发雇员的潜力，而且把劳动就业的不稳

---

① 托马斯·皮凯蒂：《21 世纪资本论》，495 页，北京，中信出版社，2014。

② 江涌、李故静：《经济金融化是金融资本主义的基本特征》，载《国有资产管理》，2015 (1)。

定性看做劳动力市场运行良好的表现。

企业高管的薪酬机制及股票期权的兴起加强了企业金融化。在标准普尔500指数的成分股公司中，首席执行官的在位时间一般只有五六年，他们的薪酬往往与公司股价、股本回报率（ROE）紧密挂钩。这种机制构成了强烈的激励，促使高管们在短期内把利润维持在高位，并改变了管理层应对经济衰退的方式，即危机来临时，不是保留员工、降价抢占市场，而是纷纷选择裁员、努力保持股价稳定，抑或宁可回购公司股票，也不肯作出新的投资。①

如此这般，导致越来越多的企业更像一个金融公司而不是生产实体，企业利润越来越倚重于金融资产运营。例如，在美国几大汽车集团中，汽车金融公司的车贷经营业务早已超过汽车制造业务，成为集团的主要利润来源。通用汽车金融公司的利润近年来一直占通用汽车利润总额的50%以上。

随着西方进入所谓后工业社会，生产相对过剩与有效需求不足成为长期且普遍的问题。西方的理论家回避资本主义的基本矛盾，而试图通过“透支消费”来解决生产相对过剩的问题，于是“消费主义”成为金融资本操控的舆

① 陈波：《经济金融化与劳资利益关系的变化》，载《社会科学》，2012（6）。

论主旋律。大众消费意识的改变为金融资本创造另类巨大商机，金融资本不断加码向消费者提供各式各样的金融贷款，例如，通过信贷和租赁服务来购车，成为美国人最普遍的购车方式，其比例高达80%～90%。

长期广泛的消费信贷与透支导致家庭的债务负担越来越重，消费者由此被卷进了经济金融化的“罗生门”。“然而，‘透支消费’的悲剧性因素在于，透支消费在扩大需求的同时，成为新的麻烦制造者：生产过剩催生了透支消费，透支消费导致了金融危机；把透支消费打压下去了，生产过剩的问题必将浮出水面；一旦社会难以承受生产过剩之重，透支消费又必将卷土重来。”① 经济金融化使居民家庭受到金融资本越来越严密的控制与盘剥。“房奴”、“卡奴”等越来越多，在债务链条的束缚与牵引下，终生为银行等金融资本打工。

经济金融化直接导致去工业化以及经济泡沫化，由此当代金融资本主义也被称为“赌场资本主义”。经济金融化使得与金融相关的行业、企业的收益越来越大，利润率普遍高于一般制造业等实体经济，由此日益严重的“马太效

---

① 赵磊、李节：《金融危机：为什么要重提马克思》，载《马克思主义研究》，2009（6）。

应”，给虚拟经济——金融领域更多的资源，拿走实体经济——制造业领域日益匮乏的资源，从而出现日益严重的“去工业化”进程。由此导致虚拟经济（以 FIREs 为代表的服务业）在国民经济中的占比越来越高，而实体经济（集中为制造业）的占比越来越低，虚拟经济与实体经济的发展差距越来越大。这一进程或多或少存在于整个西方国家，其中英、美最为突出。

美国制造业就业份额从 1970 年的 26.5%，1980 年的 22.7%，下降到 1990 年的 17.2%，2000 年的 13.8%，2010 年的 11.7%；服务业就业份额从 1970 年的 15.8%，1980 年的 19.3%，上升为 1990 年的 24.9%，2000 年的 30%。制造业增加值在 GDP 中的占比从 1980 年的 20%下降到 2010 年的 11.7%，金融、保险和房地产业增加值在 GDP 中的占比从 1980 年的 16%上升为 2010 年的 20.7%。工业增加值在 GDP 中的占比自 20 世纪 70 年代以来持续下降，从 1970 年的 35.24%下降到 2010 年的 20.04%，而服务业增加值在 GDP 中的占比从 1970 年的 61.22%上升到 2010 年的 78.78%。①

---

① 马锦生：《资本主义金融化与金融资本主义研究》，“第六章　美国经济金融化分析”，见中国知网（博士论文）。

虚拟经济过度发展，直接导致经济泡沫化。经济金融化实质就是让一切资产价值虚拟化、货币化，使之具有充分流动性，便于金融交易，也就是便于投机。经济金融化的过程，就是金融监管放松的过程，就是金融投机日趋昌盛的过程。1995年之后，美国投机增值导致的“财富效应”愈发显著，而“财富效应”产生了愈发显著的消费需求，美国经济增长愈发倚重“财富效应”，实际就是更多地由投机需求所推动，而非通过利润增加引致投资和就业的增加所推动。过度投机常态化直接导致经济泡沫化。由于房地产的垄断性，经济泡沫不仅会极度膨胀而且很难破灭。“现在金融、保险和房地产部门（FIREs）管理着经济体的储蓄和信贷，其管理方式就是把大部分贷款（美国和英国是70%的储蓄和贷款）用于房地产，剩下的大部分贷款都贷给了股票和证券市场的机构投资者。”①

在经济发展史上，虚拟经济（尤其是金融业）一直依赖以及服务于实体经济，而今，虚拟经济（尤其是金融业）和实体经济的关系发生了质的变化。实体经济愈发依赖于金融资本，而金融资本可以脱离和独立于实体经济。

---

① 赫德森：《金融帝国——美国金融霸权的来源和基础》，北京，中央编译出版社，2008。

这是一种单向的依赖，导致金融资本主义出现赌场化的倾向。[①] 很显然，当代金融资本主义业已成为“赌场资本主义”[②]。

经济金融化全面刷新了美国社会，美国社会已经成为消费性社会、资产价格依赖型社会以及食利者社会。在金融资本统治下，国家的经济政策越来越有利于金融资本，越来越不利于产业资本，更不利于普通大众。现代金融利用先进科技手段（如电子交易），在赚取越来越多利润的同时，雇用的员工却越来越少。索罗斯基金会赚取的利润一度与沃尔玛公司相当，但是沃尔玛多年来一直是美国最大的雇主，雇用员工200多万人，而索罗斯基金会雇员最多也只有2 000多人。

普通大众（社会中90%的人群）无论是劳动收入还是资产收入在社会收入中的占比不断降低。有数据显示，90%人群的资产在社会总资产中所占的比例多年来在10%～30%，其中“最底层的50%人群”（即大致的无产阶级）的资产在社会总资产中所占的比例从来没有超过5%，

---

① 郑永年：《当代金融资本主义的主要特征》，载《湖北日报》，2011-11-01。

② 斯特兰特：《赌场资本主义》，北京，社会科学文献出版社，2000；王小强：《投机赌博新经济》，香港，大风出版社，2007。

由此导致普通大众的日益贫困化。然而，大众的基本需要，如住房、医疗、养老、保险等，经由工业社会的锻造固化，早已成为一种刚性需求。而今的日益贫困化决定了其刚性需求只有通过金融才有可能实现，由此必然导致大众在持续遭受金融资本剥削的同时，也不断加重对金融资本的依赖。

大众在国民收入中占比的降低以及失业率的上升，使得美国个人储蓄率从 20 世纪 80 年代以来持续下降，从 1980 年的 9.8%下降到 1990 年的 6.5%，2000 年为 2.9%，2005 年达到最低点为 1.5%，2012 年该数值为 3.9%。大众消费需求越来越依赖于信贷，导致家庭债务不断上升。20 世纪 80 年代以前，美国家庭债务占可支配收入的比例一直低于 70%。进入 21 世纪后，负债比例持续上升，从 2000 年的 94.5%增加到 2007 年的 131.4%，2011 年该比例为 111.8%。①

根据英国《金融时报》首席经济评论员马丁·沃尔夫的观察，21 世纪以来，美国消费占新增 GDP 的 90%。消费者的消费资金构成为：工薪收入、资产收入和信贷。其

① 马锦生：《资本主义金融化与金融资本主义研究》，“第九章　金融资本主义的特征、本质和未来”，见中国知网（博士论文）。

中，在大众的家庭资产中，储蓄不断降低，而各类金融资产不断增多，这驱使美国越来越走向“食利者国家”，抑或更为严重的是经济学家詹姆斯·加尔布雷斯所警告的“掠食者国家”。美国富人的收入水平是普通人的1 500倍。最富有的1%的人拥有全国财富的38%，而占全国人口40%的普通人仅有全国财富的1%。掠食者的贪婪、冷酷令人发指，像麦道夫、斯坦福那样的金融诈骗者越来越多。

经济金融化对美国经济社会产生巨大而深远的影响

自由主义者鼓吹经济金融化对一国经济发展具有系列的优化功能，促进资源配置，便于低成本筹集资金，规避多种经济风险，完善宏观调控等。但是，现实中，人们见到经济金融化的好处是短暂而有限的，与此同时，产生的坏处是巨大而深远的。就美国而言，集中体现为系列危机，即金融危机，经济危机，社会危机，国家危机，霸权危机。美国危机从周期化变为常态化，即从“时有发生”变为

“随时发生”。

经济金融化加剧美国金融危机。经济金融化广而深地改变了美国的经济结构，虚拟经济膨胀，实体经济萎缩。依照不同口径计算，美国虚拟经济是实体经济的数倍、数十倍甚至数百倍。次贷危机爆发前，美国 GDP 不到 14 万亿美元，而各类金融资产最高达到 GDP 的 440 倍，美国经济头重脚轻的现象愈发严重，其泡沫化也愈发严重。由于企业利润来源日益依赖金融渠道，在利润压力和竞争压力之下，借助现代科技发展的便利，投机逐渐取代了投资，成为日益显著的金融与经济活动。投机的需求推动了金融创新，但是这些金融创新很难分清与金融欺诈的关系。金融投机一方面由单一化趋于立体化，如外汇投机早期只有即期外汇投机，如今还有远期外汇、外汇互换、外汇期货、外汇期权等投机。一旦投机成功，将获得数倍的收益；倘若投机失败，则是数倍的损失。另一方面是愈发严重的杠杆化，以小搏大、以少搏多的金融赌博掀起一波接一波、一浪高一浪的投机热潮，从而放大了金融市场的波动性。2007 年由次贷危机引发的金融危机，正是由金融机构的极度投机直接导致的。

经济金融化加剧美国经济危机。经济金融化加剧美国经济体系的内在不稳定性。经济金融化使得越来越多的企业不仅在融资上依赖金融，而且在利润上也依赖金融，集中为金融投机，而不是健康的生产性活动。但是，就整个社会而言，抑或追本溯源经济规律，企业利润的唯一真正来源只能是生产，通过金融渠道获取利润只能是利润的重新分配，是一类零和游戏。因此，经济金融化不但加剧了金融资本与生产资本之间的矛盾，而且激化了剩余价值生产与剩余价值实现之间的矛盾。

经济金融化使得越来越多的家庭越来越严重地依赖金融理财与消费信贷，由此导致作为社会细胞的家庭，为谋求财产性收入而日益广泛地参与金融投机，即经济金融化、金融赌场化、赌场社会化，大众几乎都成了赌徒。资产价格的波动带来的“财富效应”的扩张与收缩，越来越大地影响着家庭收支，进而影响着消费需求，从而影响国民经济的稳定。经济金融化使得政府不断增加对金融的依赖。由于税收刚性，政府开支越来越倚重发债收入。普遍的金融投机以及家庭、企业与政府的过度负债，推动国民经济尤其是房地产市场和股票市场走向“非理性繁荣”，由此制造出一个又一个而且一个比一个更大的经济泡沫，一旦泡沫破灭，经济衰退就不可避免。

经济金融化加剧美国社会危机。经济金融化导致国民收入分配越发有利于金融机构和金融寡头、高层经理。与此同时，随着工会组织的削弱和集体谈判工资合同能力的下降，工人的工资和大众福利被不断削减，劳资关系呈现资方一强再强、劳方一弱再弱的格局。美国工人的实际平均工资1973年为9.26美元/小时，1993年为7.78美元/小时，2010年为8.91美元/小时，2011年为8.77美元/小时。然而，高层经理的收入不断增加，美国200家大型公司的CEO平均薪酬与全职的美国工人的平均工资之比，1980年为42∶1，1990年为107∶1，2000年为525∶1，2008年为319∶1。[①]

自1980年以来，美国的收入不平等开始快速扩大。前10%人群（大致为资产阶级）的收入比重从20世纪70年代的30%～35%到21世纪伊始的45%～50%，提升了15个百分点。[②] 在金融危机爆发的2008年，前10%人群的收入略超过美国国民收入的50%，而90%人群分享另外不到50%的国民收入。值得注意的是，收入的减少不是均匀的，

---

① 马锦生：《资本主义金融化与金融资本主义研究》，“第六章 美国经济金融化分析”，见中国知网（博士论文）。

② 托马斯·皮凯蒂：《21世纪资本论》，282页，北京，中信出版社，2014。

而是集中到40%的人群即所谓中产阶级，由此导致第二次世界大战后出现的中产阶级集体性坍塌。

经济金融化对资产（社会财富）的集中度影响更大。根据《福布斯》数据，金融危机之前的2007年，《福布斯》美国400富豪榜的主要财富来源于金融，其比例为27.3%，而金融和地产合起来达到34%。这400人的财富几乎等于美国社会最底层50%人群（大约1.5亿人口）的财富总量（1.6万亿美元）。[①] 中产阶级坍塌，日益明显的贫富分化，直接导致美国社会由橄榄形或纺锤状向“M型”蜕变，贫富与阶级对立凸显，“占领华尔街”的社会运动由此生成，社会危机日趋严重。

经济金融化加剧美国国家危机。爱国主义、民族主义是维系国家的核心精神力量，但是经济金融化、金融全球化，给予金融资本以空前自由，“世界是平的”成为金融资本能够在全球范围内自由流动的生动写照，哪里利润高、机会多、税收低，金融资本就流向那里。企业跨国避税、偷税，以及富人为逃税而移民，司空见惯，且愈发严重，政府税收愈发困难。2013年10月，当共

---

① 张茉楠：《美国金融资本主义危机拉响警报》，载《中国财经报》，2011-10-18。

和与民主两党恶斗导致政府关门之时，美国国库现金流还不及苹果公司。各类刚性开支只有不断提高负债加以解决，由此令国家不断滑向债务悬崖。资本主义社会失去资本家（富豪）、主权国家财源枯竭已经成为美国的“国家危机”。

次贷危机爆发后，美国政府用纳税人的钱救助华尔街肥猫——金融危机的始作俑者，导致普通民众对政府的普遍不信任甚至敌视。失业、债务、穷困使越来越多的美国人对社会不满，对政府不满。不满人群中年轻人尤甚，因为年轻人失业问题更为严重，危机与萧条时是平均失业率的两倍甚至更高。美国正在失去年轻人，失去未来，这也正在成为美国的另一类“国家危机”。

美国著名学者塞缪尔·亨廷顿在《我们是谁？——美国国家特性面临的挑战》一书中指出，一个语言——英语、一个宗教——基督教、一个民族——盎格鲁为主体的美利坚，是美国得以作为统一国家存续的关键，然而自第二次世界大战以来，随着信奉天主教的西班牙裔的拉美移民的大量进入与繁衍，美国由此产生了文化与种族的多元化，“两个民族、两种文化和两种语言”正日益严重地威胁到美国国家的认同。如今，经济金融化将潜藏在国家中的经济矛盾、社会矛盾、政治矛盾日益上升到种族矛盾（如西班牙裔与黑人的失业率、贫困率明显高于白人），有鉴于此，美国国家认同危机比历史上任何时期都要突出，而且越来越严重。

经济金融化加剧美国霸权危机。在工业资本主义时代，勤劳、节俭、诚实、守信成为社会崇尚的美德，人们普遍认为通过努力工作即可进入衣食无忧的中产阶级。企业家相信通过励精图治、创造发明能发家致富。经济民族主义（抑或爱国主义）成为国家的意识形态。“美国梦”——人人可以通过自己的努力而获得成功——就是工业资本主义时代的一个典型标志。然而，时过境迁，在金融资本主义面前，这些品德变得一文不值，奢侈、享乐、投机、欺诈成为社会常态。没有道德底线，投机代替勤劳，骄奢代替节俭，欺诈代替诚实。中产阶级的集体性坍塌，“占领华尔街”运动的掀起，标志着“美国梦”的彻底破灭，美国用于指引世界奔向自由的灯塔熄灭了。

经济金融化极大地改变了美国的生产、消费与生活方式，逆转了社会传统道德伦理，昔日的资本主义已面目全非。正是经由金融资本主义，美国历史性地走上了帝国终结的不归路（美国实际上就是一个没有帝国之名的帝国）。

次贷危机、占领华尔街运动、美国债务危机，一个接一个的危机，重挫了美式自由资本主义，“又一个意识形态上帝失败了”①，美国的系列神话破灭了。美国现在再也没有什么不同凡响之处了，它失去了自己的极度自信②，失去了世界领袖的声誉③。很明显，昔日神采奕奕的美国如今已是灰头土脸，已由资本主义世界的灯塔沦落为展示资本主义制度弊端的橱窗。

经济金融化导致资本主义出现日益严重的赌场化倾向——是谓“赌场资本主义”。金融资本像细菌厌恶真空一样厌恶金融稳定，因为只有动荡才能投机获利。俗话说，苍蝇不叮无缝蛋。对于金融资本而言，没有缝隙也要努力钻营出来，制造动荡，以便火中取栗。近几十年来，由华尔街操控的美国政府，在世界范围内尤其是地缘政治的破碎地带，不断煽风点火，加剧地缘政治紧张，制造金融动荡，金融寡头赚得盆满钵溢。国际金融动荡常态化，世界

---

① Martin Wolf，“Seeds of its own destruction”，*Financial Times*，March 8，2009.

② 奥利维耶·盖：《美国的哀愁》，载德国《星期日法兰克福汇报》2012－02－26，参见新华社《参考资料》，2012－03－19。

③ 马拉特·沙伊胡特季诺夫：《未来国际秩序的轮廓：期待与现实》，载俄罗斯《全球政治中的俄罗斯》（双月刊），2011（5），参见新华社《参考资料》，2011－11－11。

经济低迷长期化，发达国家社会矛盾不断激化，美国国内政治僵化与极化（左的更左，右的更右，两党恶斗加剧），使美国主导的国际政治经济秩序面临日益严重的危机。由此，美国霸权的历史正在终结。

第5章

经济金融化祸害相关发展中国家

发展中国家的莘莘学子奔向美国精心设置的自由主义灯塔——芝加哥大学，满腹新自由主义经纶、豪情万丈的“芝加哥男孩”却帮助祖国与魔鬼达成了交易，使其落入了“中等收入陷阱”。

新自由主义是金融资本的意识形态，金融自由化是金融垄断资产阶级为便于金融资本在国际扩张而精心炮制并竭力鼓吹的理论与政策。与英、美等发达国家内生性经济金融化不同的是，发展中国家经济金融化主要是外生的，与金融自由化紧密联系在一起。诸多发展中国家正是在金融自由可以促进经济增长之海妖歌声的诱惑下，尤其是在本国金融买办利益集团的诱导与误导下，与魔鬼签订了契约，由此开启金融自由化与经济金融化的进程。自由化与金融化给相关发展中国家带来了渴望的繁荣，可惜只是昙花一现，而后无一不出现金融危机、财富流失、经济低迷、社会矛盾激化乃至政权动荡的乱局。

与魔鬼达成交易，接受新自由主义

第二次世界大战后，诸多前宗主国的殖民地赢得了民族解放与国家政治独立。促进经济增长、改善民生、追赶发达国家很快成为这些新独立国家的首要任务。但是，殖民统治的疮痍、资金与人才的匮乏，成为制约经济增长的瓶颈。在这个关键时刻，美国热情地送来了发展中国家的急需。鉴于美国在第二次世界大战中的良好表现与优异宣传，以及战后反对欧洲殖民主义，支持殖民地独立，由此赢得了广大发展中国家的信任甚至拥戴。一些发展中国家正是在这一背景下，接受美国递过来的橄榄枝，新自由主义开始在发展中国家落地生根、发芽成长、开花结果——毒苹果。“当发展中国家向全球资本的动物本性敞开胸怀的时候，它们与魔鬼达成了一笔交易。”①

1. 理论诱惑

世界经济发展史揭示，发达国家都是在保护主义的政

---

① 苏珊·斯特兰特：《疯狂的金钱》，128页，北京，科学出版社，2000。

策下（集中为高关税），通过对幼稚工业的保护，实现工业化进而实现先进与发达的。“在保护中成长”先是荷兰、英国而后是美国、德国的成功经验。但是，出于压制落后、保持领先的需要，工业革命之后的英国把亚当·斯密经济自由主义理论以及自由贸易政策，精巧地包装为“好制度”和“好政策”，积极向世界其他地方宣传推广，诸多国家和地区听信并接受了英国的“好制度”和“好政策”。

作为新大陆的代表美国以及老大陆的代表德国，在一番政策实践与理论比较中，最后拒绝了英国所说的，而选择了英国所做的，由此像英国一样完成了工业化，进而实现繁荣与富强。被尊崇为“德国工业化之父”的经济学家弗里德里希·李斯特在1841年完成的《政治经济学的国民体系》一书中，深刻揭露了斯密经济学的荒谬以及英国推行经济自由主义的伪善。李斯特讥讽，“这本来是一个极寻常的巧妙手法，一个人当他已攀上了高峰以后，就会把他逐步攀高时所使用的那个梯子一脚踢开，免得别人跟着上来”，“然后向别的国家苦口宣传自由贸易的好处，用着那种过来人后悔莫及的语气告诉它们，它过去走了许多弯路，犯了许多错误，到现在才终于发现了自由贸易这个真理”。[①]

这个世界上善于独立思考、真正我行我素的民族毕竟是少数。很多国家（如西班牙、葡萄牙甚至一度还有法国）对李斯特的批判揭露不以为然，听信英国的“好制度”和“好政策”，由此落入自由主义的陷阱，其结果当然落后、落后再落后。而当美国取代英国成为世界头号经济强国后，出于经济扩张——新殖民主义的需要，美国继承古典自由主义，在装饰一新后，推向了世界，这就是新自由主义。

2. 强行输出

第二次世界大战后，诸多来自美国的热心建设者与和平使者，成为新殖民主义的首席推销员，他们肩负着新殖民主义的使命，在世界到处传播新自由主义的福音。“他们手中拿的是计算器而不是枪支；他们穿的是上班时的服装，而不是战斗服装；他们宣传的是自由市场经济的福音，而不是传教的福音。新殖民主义者是以世界银行和国际货币基金组织为首的国际捐赠者，但也包括西方各国大使馆、商业银行和新兴的非政府组织人员。他们并不大事声张，

① 弗里德里希·李斯特：《政治经济学的国民体系》，307页，北京，商务印书馆，1982。

也不使用枪炮，便在发展中国家里扩展了势力，这种势力要比任何武力所达到的大得多和阴险得多。”① 这其中，华尔街尤其是高盛等投资银行、德勤等会计师事务所扮演着十分突出的角色。这种渗透，不只是在发展中国家，也包括欧洲那些美国同盟国。希腊债务危机引爆欧债危机，世人惊异地发现，希腊、意大利、德国等国家的财经政要，甚至连欧洲中央银行行长，都是所谓“高盛帮”或者与高盛集团有着千丝万缕的联系。

20 世纪 50 年代后期 60 年代初期，在美国福特基金会的资助下，一批经过精心选拔的印度尼西亚的社会精英，被送到加州大学伯克利分校接受系统的自由主义理论培训，完成学业后回国进入雅加达大学从事教书育人、传播自由主义理论的工作，雅加达大学由此成为印度尼西亚培育自由主义精英的大本营。1965 年，在美国支持下，苏哈托利用军事政变而上台执政，随后任命了雅加达大学经济学院的 5 位教授作为总统经济与财政金融事务专家组成员。1968 年，苏哈托组建了一个所谓的“发展主义内阁”，把国家的经济大权交给了这些来自伯克利的徒子徒孙，即所谓“伯

① 《新殖民主义》，载美国《新闻周刊》，1994 - 08 - 01，参见《参考消息》，1994 - 7 - 31。

克利黑帮”[①]。黑帮大权在手便积极推行自由主义经济政策。在黑帮掌权的过程中，鸡生蛋而蛋生鸡，黑帮势力疯草般生长，由此形成盘根错节、势力强大的集团网络。即便苏哈托政权在 1998 年倒台后，新政府依然沿袭昔日的自由主义经济政策。

3. 自主引进

第二次世界大战后，促进经济增长、赶超发达国家成为刚刚赢得民族解放的国家的战略选择。由于缺乏人才等智力资源，向西方发达国家学习，成为这些雄心勃勃的新独立国家的首选。美国出于战略需要，利用欧洲的疲弱以及对美沉重债务，不断挤压英国等殖民宗主国，鼓励与支持殖民地民族解放与政治独立，如此，一身正气、年轻富强的美国成为诸多发展中国家纷纷效仿与学习的对象。美国也趁机努力取代英国的世界霸权地位，积极学习运用英国作为世界霸主的各种权谋，于是采取积极主动姿态，欢迎并支持发展中国家派遣留学生到美国学习“好制度”与“好政策”，并为留学生提供资助等各种便利。

① 朱安东：《“伯克利黑帮”与印度尼西亚 40 年的新自由主义经济实践》，载《国外理论动态》，2007（11）。

如此，诸多发展中国家的莘莘学子，负笈担簦，远涉重洋来到美国，奔向了美国精心设置的自由主义灯塔——芝加哥大学，这里云集了各类新自由主义高手，诺贝尔经济学奖（无比的高大上）得主成打计算，是世界新自由主义的大本营。新自由主义主要流派，如以弗里德曼为代表的货币主义学派，以卢卡斯为代表的理性预期学派，以拉费为代表的供给学派，以及以科斯为代表的新制度学派等，近乎全部集中在芝加哥大学，由此形成了一个比伦敦学派更为盛名的“芝加哥学派”[①]。在美国的精心安排下，来自拉美、东亚、北非的一批又一批学子，在这里如饥似渴，孜孜不倦，皓首穷经，由此诞生了所谓的“芝加哥男孩”。

在满腹新自由主义经纶之后，这些豪情万丈的“芝加哥男孩”纷纷回国效力，努力用新自由主义理论设计国家的方针政策。1973 年，智利皮诺切特将军在美国支持下发动政变后，启用了大约 30 个“芝加哥男孩”，用经济自由主义理论来治理国家，经济自由主义大师弗里德曼还多次亲临智利指导。自由主义的实验结果，非但没有获得预期成效，反而引致系列经济灾难，智利的人均收入增长率不断

① 詹姆士·布坎南并未在芝加哥大学执教，但是在芝加哥大学获得哲学博士学位（1948 年），他所代表的公共选择学派通常也被列为“芝加哥学派”。

下降，直到 80 年代末才达到政变前的水平（1971 年是 5 663美元，1987 年是 5 590 美元）。“芝加哥男孩”在智利的失败治理并非特例，另一个被“芝加哥男孩”折腾的国家——阿根廷比智利更加糟糕，新自由主义的成绩单在拉美普遍挂红。很显然，套用中国典故，**“芝加哥男孩”并非唐僧求经，而是蒋干盗书，不仅毁了自己的远大抱负，更主要的是坏了国家与民族的美好前景。**

4. 休克治疗

“休克疗法”（shock therapy）原是医学上临床使用的一种治疗方法。20 世纪 80 年代中期，哈佛大学教授杰弗里·萨克斯（Jeffrey Sachs，1954—）被聘担任玻利维亚政府经济顾问，为应对该国汹涌的通货膨胀而将“休克疗法”引入经济领域。萨克斯的“休克疗法”可以概括为“三化”，即稳定化、自由化和私有化，在玻利维亚实施后取得了一定的成效，但是，远远没有新自由主义者和美国媒体吹嘘得那么神乎其神。苏东剧变后，俄罗斯等前苏东国家纷纷采取“休克疗法”以实现经济转型，结果遭遇惨败，一度称作“国际金融界的金童”的萨克斯因此声誉扫地。

其实，早在萨克斯之前，金融垄断资本的代理人就用

“休克疗法”——制造危机然后趁机兜售政策——来积极推进新自由主义。危机中潜藏巨大机遇，大危机往往是实施大谋略的千载难逢的良机。在谋略家醒世恒言中，“我们不要浪费危机”会被反复说起。“只有危机会造成实质改变，无论是实际的危机或感觉上像危机。”[①] 新自由主义者善于利用危机来推行新自由主义政策，为此他们不惜放大甚或制造危机。因为在危机尤其是大危机面前，人们往往会失去正常的判断与行动的能力，即所谓思维休克。“恐惧和混乱是每一次新跃进的触媒”[②]，由此便听由统治者随意摆布，甚或支持统治的荒谬政策，即所谓把自己卖了，还乐颠颠地替他们数钱。

为推行新自由主义的“伟大实验”，美国频繁支持一些发展中国家的军政要员发动政变，不惜为了行将到来的“经济自由”而牺牲东道国既有的“政治民主”。20世纪70年代，支持皮诺切特将军发动政变，推翻了民选政府，并杀死了阿连德总统，用“铁扫帚”（军事恐怖主义）等铁血方式“休克”人民的思维与理智，由此开启新自由主义的

---

① 娜奥米·克莱恩：《休克主义——灾难资本主义的兴起》，4页，南宁，广西师范大学出版社，2010。

② 同上书，6页。

实验；得到美国支持的阿根廷军事政权，为推行新自由主义经济政策，竟然造成3万名以左派活动分子为主的国民“失踪”，可见其白色恐怖统治非同一般。1993年，被美国等西方舆论竭力吹捧的俄罗斯总统叶利钦下令用坦克炮轰国会大厦，囚禁反对党领袖，以铲除贱价拍卖国有资产的一切障碍，扶植那些恶名昭彰的经济寡头。国际货币基金组织最擅长“休克疗法”，该组织正是利用危机，把臭名昭著的“华盛顿共识”兜售给那些深陷危机急待救援的国家，如此使这些国家越来越牢固地绑定在美国新殖民主义政策的战车上。

同样的休克疗法，也发生在金融资本的大本营——英、美帝国主义国家内部。新自由主义最忠实的拥趸与最积极的实施者，是英国前首相撒切尔夫人与美国前总统里根，两人上台后，分别用“铁腕”在英、美积极推行私有化、减税、削减福利等有利于富人与资本的政策，当这些政策遭遇工会等社会力量的强烈抵制时，他们不惜动用武力进行镇压。1981年里根总统以铁腕手段镇压了职业航空交通管制工会的罢工。1984年，英国发生大罢工，撒切尔夫人动用所有国家力量加以镇压，造成数千人死伤，还要求军情五处对工会全面窃听和渗透，英国工会遭到毁灭性打击。

发展中国家经济金融化与金融自由化

发展中国家经济金融化与金融自由化是自由经济政策的一体两面。金融领域持续自由化，使得国际金融资本渗透到本土经济的方方面面，由此用金融资本逻辑刷新整个国民经济。自由化与金融化在优化资源配置、提高市场效率、促进经济增长的同时，给东道国带来极大、极深的威胁——金融与经济主权逐渐受到侵蚀，甚至不断丧失。开放的、已经金融化的国民经济最后都命悬一线，即资本跨境流动引致汇率波动，线头牢牢地攥在国际垄断资本手中。国际金融寡头可以根据需要选择时机而诱发引爆危机。如此，但凡实施金融自由化进而经济金融化的国家，最终都逃避不了汇率危机—金融危机而被洗劫的命运。

1. 经济金融化与金融自由化紧密相关

发展中国家经济金融化与金融自由化紧密相关，甚至是一枚硬币的两面。金融自由化之下，国际金融资本尤其是投机资本（俗称热钱）大量涌入，大水漫灌，如水银泻地般渗透各行各业，如此整个国民经济被“镀金”了，被金融化了。因此，诸多发展中国家的经济金融化，与英、美等发达国家内生性（自生自长、自作自受）的经济金融化有很大的不同，基本上都是外生的，是国际金融垄断资本由（境）外到（境）内、由虚（虚拟经济——金融业）到实（实体经济——制造业）、由表（为企业提供流动性）到里（实际控股企业）进行格式化、刷新的结果。因此，发展中国家经济金融化的逻辑起点是金融自由化，研究发展中国家经济金融化，必须厘清金融自由化。

发展中国家金融自由化的源起依然是新自由主义，新自由主义是金融垄断资本的意识形态。为欺骗本国人民，防止阶级矛盾激化而威胁国家政权（代表垄断资产阶级利益）的稳固，金融垄断资产阶级培育并扶植一批又一批专家学者，将金融垄断资产阶级的利益诉求包装成逻辑看似严密、貌似符合大众利益的理论体系，这就是新自由主义的各种学派。但是，在国际社会，在面对广大发展中国家的时候，民族矛盾取代并掩盖了阶级矛盾，金融垄断资产阶级往往肆无忌惮，直接彰显自己的利益诉求，于是便有了直接服务于金融资本国际扩张的金融自由化理论——集中体现为“金融抑制”（financial repression）与“金融深化”（financial deepening），以及相应的金融政策——集中体现为以“华盛顿共识”为核心的经济政策。

2. 金融自由化的理论与实践

发展中国家金融自由化理论——“金融抑制”理论与“金融深化”理论，实际上是国际金融垄断资本为发展中国家定向而精心打造的。依照“金融深化”理论，发展中国家普遍存在金融市场不完全、资本市场严重扭曲和政府干预金融的综合征。这种病症严重制约了发展中国家的经济增长。在经济自由主义的诱导下，经济增长（实际就是 GDP 的增加）是发展中国家政治正确抑或政权保持合法性的必然要求。

1973 年，罗纳德·麦金农的《经济发展中的货币与资本》和 E. S. 肖的《经济发展中的金融深化》两本书的出版，标志着以发展中国家或地区为研究对象（实质是忽悠对象）的金融自由化理论的诞生。金融垄断资本掌控的学界与媒界吹捧“金融抑制”和“金融深化”为发展经济学和货币金融理论的重大发现。“金融抑制”理论指出，由于发展中国家对金融活动有着种种限制，对利率和汇率进行严格管制，致使利率和汇率发生扭曲，不能真实准确地反映资金供求和外汇供求，这样便降低了资金的配置效率，导致经济增长缓慢。“金融深化”与“金融抑制”相对，实质就是金融自由化。“金融深化”理论主张，改革金融制度，改革政府对金融的过度干预，放松对金融机构和金融市场的限制，增强国内的筹资功能以改变对外资的过度依赖，放松对利率和汇率的管制使之市场化，从而使利率能反映资金供求，汇率能反映外汇供求，促进国内储蓄率的提高，最终达到抑制通货膨胀以及促进经济增长的目的。

在“金融抑制”与“金融深化”的“光辉思想”指引下，当然还有在发展中国家信奉经济自由主义理论精英的积极鼓动以及国际垄断资本的努力干预下，诸多发展中国家开启了金融自由化—经济金融化的改革，具体表现为以下四个方面：一是利率、汇率自由化，放宽本土资本与机构进入国际市场的限制，充分发挥各类货币政策工具的市场调节作用；二是金融机构业务自由化，即所谓混业经营，允许各类金融机构从事交叉业务，进行公平竞争；三是金融市场自由化，即放松各类金融机构进入金融市场的限制，完善金融市场的融资工具和技术，完善金融市场的监管；四是资本流动自由化，即放宽外国资本、外国金融机构进入本国金融市场的限制，同时也放宽本国资本和金融机构进入外国市场的限制。

3. 经济金融化实现的主要途径

发展中国家金融自由化—经济金融化大致通过以下途径实现：

一是在金融自由化过程中，外资主要来自华尔街金融资本给东道国施加各种压力，或巧妙利用东道国政府中的同情者（如“芝加哥男孩”）或“同盟军”（如美国前驻华大使洪博培在国会听证时所指称的），直接要求在东道国开设独资商业银行，或者合资、参股东道国本土银行。一些发展中国家在本土商业银行股份制改造（出自“华盛顿共识”的市场化要求）时，直接规定必须有外资银行进入而且不低于某个百分比的持股比例。在这一金融投资过程中，利用各种合法手段（如增资扩股）与非法手段（如商业贿赂），甚至不惜制造危机而后再抄底进入，逐渐地、静悄悄地控制了东道国银行这一经济命脉，由此直接决定东道国的融资成本与资金供给，决定东道国产业发展方向与国际分工地位。

多年来，阿根廷一直是美国推行新自由主义的试验场。

金融自由化使得阿根廷国有资本在国家经济命脉中的占比不断降低，例如在银行业，国有资本从 1992 年（阶段自由化之前）占银行资本的 82%，下降到 1997 年（阶段自由化之后）的 48%。到 2002 年，全国十大私营银行中，七家为外资独资银行，两家为外资控股银行，商业银行总资产的 62%～68%为外资银行所控制。对国际金融资本的过度依赖，导致国家宏观调控能力下降，金融和经济主权名存实亡，近乎完全受制于人。

二是制造并利用金融危机，廉价收购东道国的企业。金融自由化初期，国际金融资本大量涌入，股市大涨，楼市大涨，经济形势一片大好。然而，当经济泡沫被吹得足够大后，国际资本便齐刷刷地大规模快速抽逃（因为有了资本自由流动政策的保证），这样各类资产价格急剧下跌，本土各类企业因缺乏流动性而濒临倒闭。在这种情势下，国际金融资本杀了个回马枪，利用已经在东道国扎根的银行，就地及时抄底、廉价收购东道国各类资产。

1997 年东南亚金融风暴发生后，国际金融资本兴风作浪，肆虐亚洲，金融自由化如火如荼的韩国当然未能幸免——出现严重的债务危机。到 2002 年，国际资本以“清仓价”控制了韩国半导体业的 44%、通信业的 21%，并成为现代汽车、现代电子、LG以及三星电子的重要股东。著名的大宇汽车公司就在这场近乎人为的债务危机中人间蒸发了，而现代汽车公司则被美国资本控股，成为“美国在韩国制造”的汽车。值得注意的是，国际资本就是利用其掌控的韩国银行——2002年韩国9家商业银行中的6家被西方控制——来实施收购的，这些本土化的外资银行十分清楚，处于危机中的韩国企业哪些是真正的优质资产。

三是利用直接投资（FDI）形成一个个经济堡垒，然后利用这些桥头堡进行金融渗透。20世纪80年代，拉丁美洲而后撒哈拉以南非洲国家爆发债务危机之后，一些发展中国家对于国际借贷（抑或引进国际间接投资）持谨慎态度，而直接投资受到越来越多的重视与欢迎，这样，直接投资在国际投资中的比重不断上升。但是，涉足发展中国家的跨国资本，并不老老实实进行正常的生产经营活动，而是积极利用东道国的监管漏洞，积极从事具有高额利润的非生产性的甚或投机性的活动。投机资金主要来自直接投资的利润积累、外资银行的贷款或拆借、贸易项下（包括转移定价）等合法渠道以及通过诸如地下钱庄等非法渠道转移的资金。

跨国资本利用这些聚沙成塔的资金，积极从事房地产、股市、债市等金融投资，获取比生产经营要高得多的利润。与此同时，跨国资本还通过多种渠道（如变相消费信贷的分期付款、资金拆放、影子银行等），把东道国越来越多的经济主体卷入到金融活动中，由此不断抬高东道国的融资成本，导致本土企业因经营成本不断提高而趋于萎缩，社会资金越来越热衷于房地产、高利贷等投机炒作，投资者纷纷弃实务虚。这样，在相关发展中国家虽然工业化远未实现（有的甚至刚刚开启），但是出现了诸多类似发达国家后工业化的征兆，即发展去工业化、产业空心化、国民经济虚拟化，一副未富先老、未强先衰的综合征。

经济金融化重挫相关发展中国家

马克思指出："资本主义生产的动机就是赚钱。生产过程只是为了赚钱而不可缺少的中间环节，只是为了赚钱而必须干的倒霉事。{因此，一切资本主义生产方式的国家，都周期性地患一种狂想病，企图不用生产过程作媒介而赚到钱}。”[①] 金融资本主义助长了西方发达国家的经济寄生性。当今世界，有了金融，有了资本主义，有了发展中国家，一些西方国家就有了赚大钱、赚快钱的捷径，就无须为赚钱而组织生产这样的苦差事，它们可以通过金融自由化进而经济金融化把发展中国家变成它们的十分廉价而且非常自愿的赚钱机器，如此把过去周期性的狂想病变为现实。很显然，资本主义生产方式的存在必然以非资本主义经济形态（包括资本主义国家内部的前资本主义经济成分和海外殖民地两类）为前提，西方发达国家骗子的存在恰恰也是以发展中国家傻子为前提的。

持久、紧密而牢固的经济依附。金融自由化与经济金融化强化了资本主义世界体系中早已形成的“中心—外围”机制，强化了不公正、不合理的国际分工体系，作为边缘与外围的发展中国家，在资金、技术、管理、市场、人才、秩序甚至思想上，更加依赖作为中心与核心的发达国家，而发达国家也愈发依赖发展中国家提供的商品、服务与利润，这种名义上的“相互依赖”，实质上是一种“不对称依赖”。

① 《马克思恩格斯全集》，第24卷，68页，北京，人民出版社，1972。

这种“不对称依赖”为依赖性较小的一方（发达国家）提供一种特权，可以不断敲打、盘剥依赖性较大的一方（发展中国家）。“不对称依赖”的实质就是依附，它使相关发展中国家实质处于经济附庸——新殖民地的境地。在金融资本主义阶段，“金融资本并不直接创造剩余价值，却能够集中货币的社会权力。以‘金融强权国家’为后盾的金融寡头统治集团，通过金融形态的资本流动，使世界上其他民族与国家陷入越来越深的归属与依附的境地。”① 正是这种名义上“相互依赖”而实质上“单向依附”，使相关发展中国家逐渐被纳入美元国际环流体系，成为不断为美国（国际金融垄断资本）提供养分的有机体。

在经济金融化也就是“单向依附”形成过程中，相关发展中国家形成了得益于这种买办性服务的、根深蒂固而且十分强大的利益集团。这种利益集团在国际金融垄断资本的支持下，拼命维护既有的分工体系与附庸关系，使得相关发展中国家陷入持久、紧密而牢固的经济依附。例如，经过几轮以金融自由化、经济金融化为核心的经济改革，阿根廷的国家经济命脉（农业、工业、银行）悉数被国际

① 魏海燕：《哈维新帝国主义论域中的空间》，载《苏州大学学报》，2012（1）。

垄断资本控制，使这个国家动弹不得。世纪之交，深受新殖民主义之害的拉美国家，通过民主政治程序，广泛地实现了政权左转，但是经济上很难有所作为，不得不在经济依附的道路上持续滑下去。拉美需要的不是另一场热闹的经济改革，而是一场彻底的政治革命。

落入货币与金融陷阱，进而落入“中等收入陷阱”。发展中国家在赢得民族政治独立后，最紧迫的任务是实现工业化，摆脱经济依附，实现真正独立。国际上，发达国家提供的确凿而清晰的成功经验是“在保护中成长”，而后“再逐渐走向自由”。然而，一些发展中国家在国际金融垄断资本代理人（所谓“带路党”）的引导下，奉行了经济自由主义（即依赖外资、外部技术管理、外部市场）的工业化发展思路，其结果：一是依照比较优势实行国际分工，发展劳动与资源密集的低附加值、高排放的加工制造的贴牌工业；二是执迷自由贸易，将代工制造出来的商品持续从事不等价交换，利润微薄导致国内积累非常有限（只赚取一点面包屑而已）；三是由于自身积累十分有限，因而越发依赖国际借贷用于投资生产与消费，由此陷入日趋沉重的债务负担，国家整体经济活动主要是围绕借债与还债而展开，导致金融在国民经济中的地位十分突出而且非常畸形——金融产业人员拥有巨额收益，但是主要为国际金融垄断资本服务，而不是为本国经济服务，某种意义上已经成为发展中国家经济与社会健康成长的毒瘤。

金融决定融资成本，进而直接决定工业化的成败。发展中国家的金融理应为实体经济服务，为本国工业化服务。但是，金融自由化与经济金融化，使相关发展中国家的金融机构纷纷落入国际垄断资本手中，货币定价权（利率与汇率）旁落，金融服从并服务于国际金融垄断资本的利润最大化取向，这使得搞实业远不及以钱生钱来得快、来得多，实体经济日趋萎缩，虚拟经济持续繁荣。工业化或停滞不前，或中断夭折。“工业化带来的收入潮水可以浮起港湾内所有的船”，发达国家曾经的繁荣富强直接得益于成功的工业化。而信奉新自由主义、积极推进金融自由化与经济金融化的发展中国家，因为落入货币金融陷阱而使工业化停滞与夭折，也就此落入所谓“中等收入陷阱”。

严重威胁金融与经济稳定，成为金融大鳄的超级提款机。全球化以弱化主权国家尤其是发展中国家主权为前提与结果。金融自由化与经济金融化严重侵蚀发展中国家的货币与金融主权（集中体现在外汇占款主导基础货币发放，国际资本流动越来越游离于主权国家的监管），一些信奉经济自由主义的发展中国家由此逐渐丧失货币与金融主权，也就丧失了维护金融与经济稳定的能力。

在新自由主义的影响以及国际金融垄断资本的施压下，一些发展中国家选择了金融自由化和经济金融化政策，以泰国为代表的东南亚国家过早地、过度地开放金融市场，撤掉了近乎所有的自我保护屏障。这恰恰是“华盛顿共识”所竭力要求的，而“华盛顿共识”的始作俑者与积极推动者——美国财政部和国际货币基金组织认为，东南亚金融危机的根源只在于发生危机的国家缺乏金融透明度和盛行裙带关系。但是，世界银行原首席经济学家斯蒂格利茨则指出：“这场危机很大程度上是（美国）财政部和国际货币基金组织所推动的过度市场自由化的结果。”①

国际货币基金组织自成立以来，一直就是美国金融霸权的工具，是诸多金融危机的罪魁祸首，然而很多被新自由主义或美国宣传蒙蔽的发展中国家至今还天真地以为，国际货币基金组织是本国处于金融危难时的大救星。这种良莠不分的天真幼稚一度普遍存在于发展中国家财经高官的头脑中，由此被华尔街出卖了还替金融大鳄们乐呵呵地

① 斯蒂格利茨：《喧嚣的20世纪90年代》，载《大西洋月刊》，2002(10)。

数钱，可见洗脑的威力。在20世纪90年代初欧洲货币危机中，泰国中央银行曾经和金融大鳄索罗斯联手狙击英国中央银行——英格兰银行，并分得10亿美元以上的打劫收入。在这个过程中，索罗斯完全知悉了泰国及其中央银行的底细，由此开始布局泰国与东南亚国家。1997年泰国进而东南亚爆发金融危机，泰国不仅将在欧洲货币危机中的分赃连本带利交给了索罗斯等华尔街大鳄，而且掏空了自己的家底——耗尽300多亿美元的外汇储备，泰铢贬值近60%，楼价跌幅超过35%，70%的银行与金融公司或被迫关闭或接管——经济由此一蹶不振。没有高超技艺，就贸然与狼共舞，最终被狼群无情地撕咬猎食。不要怨恨狼的贪婪与狡猾——这牲畜生性如此，而要检讨的恰恰是共舞者的愚昧与无知。

金融危机，经济低迷，社会分裂，政治动荡。经济金融化遍及世界开放经济的每一个角落，热烈拥抱国际金融资本的发展中国家，其所有产业与行业最终都会被国际金融资本渗透，国民经济被国际金融资本刷新。如此，发展中国家的金融与经济稳定、国家命脉与命运，便掌握在华尔街、华盛顿手中。国际金融大鳄，远离东道国本土，通过敲击键盘，通过资本的涌入与抽逃，即可在东道国诱发资产泡沫与引爆金融危机。由于经济金融化，金融定时炸弹被虚虚实实地埋藏在国民经济的每一个行业与部门，引信一经点燃，往往会爆发系统性危机。在铁一般而且不断重复的事实面前，国际货币基金组织也不得不承认，金融自由化与银行危机的频繁爆发有着十分密切的关系。[①] 世界银行的《1998/99年世界发展报告》也认为，金融自由化后的这一时期与爆发银行危机的可能性有着十分密切的关系。原因之一就是这种自由化损害了银行特许权价值，而且自由化没有伴随着适度的谨慎监督。[②]

不过，发展中国家每次危机爆发后，国际货币基金组织便会代表美国（金融垄断资本）出面进行救助，而每一次危机救助，为下一次危机的爆发埋下了伏笔。如此，发展中国家系统性金融危机，在金融自由化与经济金融化的背景下，会周期性爆发。这种周期性危机正是国际金融垄断资本对发展中国家的经济增长所实施的定期性收割——剪羊毛，这便是金融垄断资本的策略，美国霸权的战略，也就是新殖民主义的要义。

---

① IMF, "World Economic Outlook," 1998, p. 115.

② 世界银行：《1998/99年世界发展报告》，北京，中国财政经济出版社，1999。

在金融自由化与经济金融化的背景下，发展中国家金融危机—经济低迷—社会分裂—政治动荡，俨然成为一种经济附庸的新常态——新殖民主义。**近水楼台先得月，亲美国家早遭殃**。作为美国后院的拉美，多年来一直是美国推行新自由主义的试验场，由此饱尝新殖民主义之苦。19世纪的阿根廷，曾经被赋予最大希望的美洲国家，人民的生活比美国还要美好。然而，今天的阿根廷与美国有天壤之别，经济危机不断，社会矛盾激化，政局更迭频繁，曾经1个月换了5位总统，刷新了“民主政治”的新纪录，成为陷入新殖民主义泥淖的典型。倒霉的阿根廷已经被新自由主义折腾得筋疲力尽，无助无奈得似乎只有哭泣（电影《贝隆夫人》主题曲《阿根廷别为我哭泣》成为阿根廷的“第二国歌”，人人会唱）。

综上所述，多年来，受到新自由主义理论的蛊惑、利益集团的诱导与误导，很多发展中国家认为，金融自由化与经济金融化是促进经济增长、增加国民收入、追赶发达国家的捷径。实际上，经济与社会发展，对于后进国家而言，没有捷径可走，只有老老实实发展实体经济，走农业现代化与工业现代化道路。工业化是发展中国家，尤其是发展中大国稳步增长、持续发展、不断追赶、实现强大的不二选择，任何试图寻求发展捷径——抛弃工业化而追寻城镇化、金融化、信息化——都是机会主义，最终必然失败。但是，一些西方发达国家不可能让发展中国家走上成功的工业化道路，它们不断通过变换马甲的新自由主义经济理论以及以金融自由化与经济金融化为内核的经济政策，尤其是通过在发展中国家内部培育生长的买办利益集团，将发展中国家引向邪路，从而使之成为自己的长期甚至永久的经济附庸，成为低端商品的代工生产基地，成为环境污染的集中地，成为源源不断的利润源泉。

第6章

工业化能够彻底改变一国经济社会面貌

农业和商业可以使国家富庶繁荣，但不能强大。经济强国无不以工业立国。城镇化是工业化的结果，工业化是信息化的前提，是国防现代化的基础。唯有经历工业化的洗礼，才有国家治理体系与治理能力的现代化的可能。

曾经有一段时间，“中等收入陷阱”被专家学者纷纷议论，被政治人物反复呼应，被市场化媒体大肆炒作。议论、呼应与炒作最后都有一个明确的指向，那就是中国需要进一步市场化，进一步向国际资本开放，进一步放弃经济主权，沿着世界银行指引的道路——“华盛顿共识”——阔步前进。然而，这种经济自由化和国际化的最终结果是“去工业化”或“令工业化中断”，抑或令本国工业化被外资操控，而这恰恰是拉美、东南亚等诸多国家落入“中等收入陷阱”的主要原因。

工业化可以给国民经济带来量的增长与质的改善

著名韩裔英籍经济学家张夏准在《资本主义的真相》

一书中提出了一个有趣的问题：为什么印度新德里公交车司机拉姆所挣到的薪酬只是瑞典同行斯文的 1/50?

张教授设问：是技术熟练程度差异，还是工作效率有别，抑或劳动强度不同？都不是。张教授分析，实际上吉姆的驾驶技术有可能比斯文更熟练，效率更高，强度更大，因为印度的路况要比瑞典差很多，吉姆要在炎热的气候下，驾驶着破旧公交车，在牛群、牛车、黄包车以及驮着三米高柳条箱的自行车之间避让穿梭。依照自由经济逻辑，拉姆应当比斯文获得更高的工资，而不是相反。张教授最后给出的解释是，在劳动生产率上，穷国（如印度）与富国（如瑞典）存在差异，但是差异具有结构性，即穷国的穷人的生产率通常要高于富国的穷人的生产率，而穷国的富人的生产率远不及富国的富人的生产率，由此导致穷国人均收入水平远低于富国。张教授认定，这才是拉姆与斯文薪酬差异的主要原因。[①]

笔者认为，张夏准教授的解释有道理，但有失偏颇。拉姆和斯文的收入差异，应放到更宏大的经济背景下考察，即印度是一个落后的农业大国，而瑞典是一个工业化国家，整

① ［英］张夏准：《资本主义的真相——自由市场经济学家的 23 个秘密》，孙建中译，24～30 页，北京，新华出版社，2011。

个国民经济与社会结构都历经了工业革命的反复锤炼。工业化给国民经济带来的不仅是量的增长，还有质的改善，生产效率在各行各业都有了显著提高。“工业化带来的收入潮水可以浮起港湾内所有的船”。是否成功经历工业化，是拉姆和斯文的收入差异，同时也是印度与瑞典国民收入差异、发展中国家与发达国家收入差异的主要原因。德国著名经济学家李斯特给工业化的神奇功效作了鲜明注解，“工厂和制造业是催生国内自由、智慧、艺术与科学、国内外贸易、航海，改善交通、文明以及政治力量的原因，是冲破农业的枷锁使其重获自由并提升其商业地位的手段，它使租金、农业利润和工资大获增长，使土地财产大量增值”①。

工业化能够形成完整的工业体系与强大的工业经济

托马斯·杰斐逊等美国开国元勋们最初设想，美国建国的目标就是一个富足的农业国。亚当·斯密和萨伊也曾断言，

① ［德］弗里德里希·李斯特：《政治经济学的国民体系》，邱伟立译，105 页，北京，华夏出版社，2009。

美国“就像波兰一样”，注定是应当经营农业的。[①] 的确，建国后三十年的自由经济使美国经济实现了相当的富庶繁荣。然而，第二次英美战争爆发后，英军很快占领了华盛顿，第一夫人从窗户落荒而逃，总统办公楼被英军放火焚烧，烟熏火燎漆黑一片，事后粉刷成白色，“白宫”由此得名。正是因为有了惨痛的血与火的教训，美国政治精英方才醒悟，农业、商业可以使国家富庶繁荣，但是不能强大，无法抵抗英国的入侵。在痛定思痛中，美国毅然决然选择了工业立国的道路，最终由繁荣的农业国变成强大的工业国。美国从事农业的人口当初在90%以上，如今只有3%。

近代以来，经济强国无不以工业立国，但是国家之间，成功的工业化也有结构性差异。历史上，英、法、美等工业化国家都是从轻工业（集中于纺织业）着手，逐渐深入到重工业（以钢铁业为代表），以殖民地的资源与市场为依托，从开启到完成工业化大致经历了两三代的时间。“十月革命”后，社会主义的苏联则是在特殊历史条件下，反其道而行之，从重工业着手，主要凭借自己的力量，在一代的时间内，在没有规模性失业与周期性危机这一资本主义

① ［德］弗里德里希·李斯特：《政治经济学的国民体系》，陈万煦译，102页，北京，商务印书馆，1982。

顽疾下，完成了工业化，而且经过反法西斯战争的检验，苏联的工业化是十分成功的。

成功的工业化必须建成完整的工业体系，包括轻工业和重工业。其中，重工业是工业体系的核心、基础，重工业化是工业化的精华。缺乏完整重工业的国家，即便工业产值超过农业产值，如印度与墨西哥，也不能称作工业化或现代化国家。如果以“用机器制造”来概言工业化，那么重工业是用机器制造机器，轻工业则是用机器制造产品，轻工业是重工业的延伸，是释放重工业所创造的生产能力的工具。一般认为，只要有重工业，就可以很好地建设轻工业而生产消费品。重工业的发展状况还直接关系一国的军工生产与国防的强大。重工业的技术升级可以带动整个工业乃至产业体系、经济体系的全面升级。一国只有建成完整的重工业，才能有效地保卫自己的工业化成果。因此，没有经历重工业化、拥有完整的重工业，就不能称作真正的工业化。

工业化可以重新塑造整个国民经济

工业化时代，广义上讲，一切都是工业制造出来的。

无论是吃的粮食、用的商品、工作、住家，拥有的财富、对生活的信心、对世界的看法甚至我们自己，还有我们认为自己是的那个“人”，都是工业化的结果。①

工业化深深地改变了农业及农业文明。几千年来，农业一直是人类社会生产与生活的基础，但农业文明如何繁荣，本质上都改变不了“靠天吃饭”的命运。不过，工业化彻底改变了农业生产力，进而改变了人类文明形态。直接推动农业生产力显著增长的化肥、农药、地膜、农机等生产资料，以及有利于农业生产的大型良好的水利设施，有利于农产品流转销售的仓储、运输等，都是工业化的结果。在工业社会，水泵替代降雨，地膜、大棚、温室维持气温，化肥加速生长，农药抑制病虫害……农业生产力得到了极大的提高。正是经由工业革命，世界人均粮食供应量提高到工业革命前的4倍，亩产则提高十几倍。“只有在工业发达的国家，才会看到完善的农业机械和工具以及运用高度智力经营的农业。在制造业的影响下，农业发展成为一门技能工业、一门技术和一门科学。”②

---

① 任冲昊等:《大目标——我们与这个世界的政治协商》，66～67页，北京，光明日报出版社，2012。

② ［德］弗里德里希·李斯特:《政治经济学的国民体系》，邱伟立译，147页，北京，华夏出版社，2009。

工业化大大提高了地租与土地售价。经济学家李斯特认为："土地价值的高低是测验国家繁荣程度的最可靠的标准，这方面的波动与恐慌，应当认为是能够降临到一个国家的、毁灭性最大的灾害之一。"① 工业化会促进农产品加工业的发展，进而会增加如棉花、面粉等农产品的生产性需求；随着工业化的持续推进，人们的收入会不断增加，由此会增加或改善对农产品（如牛奶）的消费性需求。两类需求的增加，会增加耕作方面的投资，提高单位土地生产效率，从而使地租、地产价值上升，利润增长。

通过对大力发展制造业的英国与停滞于传统农业的波兰进行深入细致的比较后，李斯特认为："工业国家由于国内外贸易的发达而积累了剩余资本，那里的利率又比较低，总有诸多有钱人把他们的剩余资本向地产投资，因此就某一数量的地租来说，它的售价在这样的国家里总要比农业国家高得多。在波兰的售价约相当于十年或二十年间的收入，在英国则达三十年或四十年间的收入。地租的售价在工商业国家比农业国家要高，土地本身的售价情形也相似。具有同等的自然产出力的土地，在英国的价值高于波兰十

① ［德］弗里德里希·李斯特：《政治经济学的国民体系》，陈万熙译，234页，北京，商务印书馆，1982。

倍到二十倍。”①

正是因为工业化的驱动，“现在，在农村文化土壤中，各个阶级都能改善自己的地位：劳动者可以把自己提升为农场主，而农场主则可以成为土地的拥有者——地主；工业带来的资本和生产的运输工具，处处都为农业带来繁荣；农奴制、封建束缚、妨害勤劳和自由的法规都已消亡；地主从自己拥有的林场中获得的收入，是他们以前用来打猎时的百倍”②。

工业化改变原有的一切经济形态。工业化改变并塑造了人们的生产方式，机器制造广泛代替手工劳动。随着科技进步的不断推进，尤其是数控技术的发展，机器制造无论是效率还是精细化程度，都是手工劳动无法比拟的，而且生产与劳动分工细密，如大型客机涉及数百万个零部件，在广泛的时空中展开（全球 24 小时不间断生产）；工业化改变并塑造了人们的生活方式，衣食住行全面刷新且仍不断改善，人们的生活水平有了质的提高。成功经历工业化的国家与社会，一般不会再有物资匮乏之忧，往往更多的是

---

① ［德］弗里德里希·李斯特：《政治经济学的国民体系》，陈万煦译，228 页，北京，商务印书馆，1982。

② ［德］弗里德里希·李斯特：《政治经济学的国民体系》，邱伟立译，151 页，北京，华夏出版社，2009。

购买力与消费力不足之虞；不断推进与升级的工业化使社会生产力得到极大提高，一大批劳动者从实体经济中游离出来，越来越多从事非生产性工作，甚至成为游手好闲之民，如今天的中国广泛存在的“NEET 啃老族”（未受正式教育、没工作、无就业培训者）、日本广泛存在的“宅男”、美国广泛存在的“懒汉”（无工作、吃社保者），人们的生存方式发生了极大的变化。

工业化最终改变了人与社会

工业化不仅广泛地改变了国民经济，也深刻地改变人，以及人与人之间的关系合成——社会。一个国家（或社会）是否经历过成功的工业化，有着质的差异。“在纯农业国家，人们普遍心灵麻木、肢体笨拙，顽固地坚持旧观念、旧习俗、旧方法，缺乏文化、繁荣和自由；与此相反，在制造业和商业国家，处处充满着不断追求身心满足、不断赶超和不断追求自由的精神。”①

① ［德］弗里德里希·李斯特：《政治经济学的国民体系》，邱伟立译，144 页，北京，华夏出版社，2009。

工业化改变了人的体质。现代体育强国，几乎都是工业化或正在工业化的国家。因为竞技体育比拼的体质、体能，即发达的肌肉——主要来自食用大量蛋白质，只有能食用到足够多的肉、奶的国民，并由此支撑一个高比例的人口基数，才能成为一个体育大国、强国，而肉、奶等动物蛋白的长足供应显然是工业化的重要成果。中国就是一个鲜活的实例，近百年间，中国奥运奖牌从无到有，从少到多，其比例与食用动物蛋白的增长基本相符。印度也是一个生动的实例，印度人口与中国人口越来越相当，但是印度获得的奥运奖牌只是中国的几十分之一，这与印度的饮食——洋葱、土豆——缺乏足够的蛋白质摄取密切相关。

工业化提高了人的预期寿命。农业时代，大部分人的平均寿命只有 30 多岁，早婚早育是人生苦短、尽快繁衍的直接后果。古代中国人 16 岁就可以结婚。若不早婚早育，即依照今天的结婚生育年龄开始生育，则孩子尚且幼小，就成了孤儿，社会岂不是混乱不堪?马王堆汉墓的女主人辛追夫人，经科学鉴定，活了 50 多岁，绝对是长寿了，她的儿子 19 岁就当上了将军，给老寿星赢得了无比的尊贵与荣耀，死后给予厚葬，如此才能让今人由出土发掘而遥想昔日贵妇人的无比奢华。

工业化改变了人的素质。工业化对劳动者提出了各种与工业生产相适应的制度规范，刷新了人们的时间、效率、分工合作等观念意识，如此诸多与传统格格不入的观念意识、制度规范逐渐成了人们的习惯。工业化所要求的大规模生产，使得人与人之间的关系出现了前所未有的调整，自给自足甚或老死不相往来的农业社会独有的状况，在工业社会不复存在。工业化根本改变并塑造了人的生活，即便是一个普通人也能够拥有一个不同于传统的全新的生活。李斯特用乡间地主生活的变化生动地描述了这一变迁：“有些地主以前从农奴悲惨的劳动中获得了些微薄收入，勉强维持一种简陋的乡村生活，他们唯一的乐趣是养马、驯狗和打猎，对这类娱乐的任何干扰都会令他们不满，被认为是对他们这些土地主人的尊严的冒犯；现在，地租（自由劳动的产品）的增加使他们能够在城市里度过他们一年中的一段时光。在城市里，通过观看戏剧、欣赏音乐、接受艺术熏陶和读书看报，他们因此变得风度优雅；通过同艺术家和博学人士的交往，他们学会了推崇智慧和才能。他们从猎人变成了雅士。”①

---

① ［德］弗里德里希·李斯特：《政治经济学的国民体系》，邱伟立译，151页，北京，华夏出版社，2009。

几千年来，人口增长与食物供给之间的矛盾一直存在。工业革命开启后，人口的几何级数增长与食物的数学级数增长的矛盾（即所谓“马尔萨斯陷阱”）日益突出。然而，随着工业化的广泛推进与深入发展，一方面粮食生产与供给的能力大大提高；另一方面妇女受教育的比例、就业的比例迅速上升，生育被主动节制，人口增长得到了控制。在今天的西方国家，政府通过各种方式鼓励生育，以解决人口停滞或负增长这一头疼问题。如此，一度被认为是真理的“马尔萨斯陷阱”不攻自破。

一个国家，只有经历成功的工业化，人的生存权、发展权才能得到有效而切实的保障。一个国家，在经历成功的工业化后，经济社会中会涌现一大批“法人”——企业组织。工业化使企业生产效率不断提高，企业组织的复杂性不断提高，远远超出了本行业、本部门、本地区，对跨域管理提出了更高的要求，而且在不断完善社会治理的基础上，提出了更好的国家治理现代化的新要求。但是，工业化带来的人与社会的变迁并非都是积极的、向善的。在资本主义条件下，在市场经济调节下，工业生产周期性过剩引发周期性经济危机，导致劳资关系、大众与政府关系的紧张，阶级矛盾始终存在，阶级斗争时有发生，有组织的社会运动此起彼伏，由此推动着社会不断改良，社会乃至国家治理不断向前迈进。

工业化会成就强大的国防和完整的主权

请记住李斯特的谆谆告诫：“制造业对国内贸易、对国家的文明和实力、对国家独立自主地位的维护以及对由此取得的物质财富的能力等方面都有影响。”①

在工业革命开启之前，游牧民族一直以其强悍与野蛮不断骚扰、肆意欺辱农耕民族。工业革命后，农耕民族的生产力得到极大提高，组织动员能力显著增强，军事上呈现出压倒性优势，因为火器等战争工具的杀敌效率百倍于冷兵器。如此，近乎一劳永逸地解决了千百年来不断遭受游牧民族骚扰、欺辱的心头大患。实际上，经历工业革命武装的军队，可以横扫任何一个前工业优秀文明。拥有几十万军队、一度富甲天下的大清王朝，在区区几千英军占领镇江、截断大运河——大清王朝的经济动脉后，很快就

① ［德］弗里德里希·李斯特：《政治经济学的国民体系》，邱伟立译，165页，北京，华夏出版社，2009。

投降了。

现代战争一再揭示，工业化与军事力量成正比。第二次世界大战中，相对于波兰等东欧国家，英、法等西欧国家，德国的工业化尤其是重工业化优势明显，因此德国的军事行动在欧洲大陆势如破竹。但是，当希特勒被胜利冲昏头脑，狂妄地撕毁《苏德互不侵犯条约》而向苏联大举进攻后，战无不胜的德军无奈地发现，他们越来越难以重复昔日的辉煌战绩，最终遭遇节节败退的下场。主要原因是，共产党的组织动员能力很强，更重要的是苏联工业化尤其是重工业化优胜于德国。例如，1928年“一五”计划实施后，苏联工业化迅猛推进，为促进国民经济尤其是农业粮食生产，苏联建立了一批大型拖拉机厂，培训了上百万个拖拉机手。卫国战争打响后，这些拖拉机厂迅速转产坦克，拖拉机手变成坦克手，这样形成了抗衡德国法西斯军队的强大的钢铁洪流（苏制坦克比德制坦克更加坚固、火力更猛），为卫国战争的胜利提供了重要保障。今天，苏联已经成为历史，但是正在崛起的中国依旧感受到苏联工业化的伟大成就。“瓦良格”号航母就是苏联成功工业化的杰作。在“瓦良格”演变为“辽宁舰”的过程中，身陷穷困的乌克兰焊接工人的精湛技术令中国工人汗颜。数以万计的钢板被切割与焊接成几万吨的庞然大物，最终误差可以用头发丝的粗细衡量，与之同舰工作的中国工人与工程师望尘莫及。

朝鲜战争与越南战争为工业化的重大意义提供了另一个注脚。1950 年应朝鲜的请求，中国向朝鲜派遣志愿军，抗美援朝、保家卫国的正义战争由此开启。是年，美国钢铁产量 8 700 万吨，中国只有 61 万吨，人均下来，美国人接近半吨，可以造出半部吉普车；中国人只有 7 两，打一把菜刀都不够。中国凭借志愿军的方刚血气、民族志气，在工业化苏联的支持下，与武装到牙齿的美军打了个平手。钢铁是工业化尤其是重工业化的基础，正是在战争的经验与教训的基础上，中国制定了“超英赶美”、“大炼钢铁”的战略。等到中国工业化有了初步成效，中美发生了新一轮较量——越南战争，美国花费了 2 500 亿美元（相当于现在的 5 万亿美元还多），死亡 5 万人，受伤 30 万人，最后以失败撤军而告结束。正是因为工业化，中国的国力迅速增强。

没有强大的工业就没有强大的国防，没有独立的工业体系就没有独立的国家主权。或有人认为，当今世界已经进入经济全球化、经济金融化时代，工业化强国的思维已经过时了。真的如此吗？当今，经济全球化、经济金融化的核心是美元，然而在1971年美元与黄金脱钩之后，美元本身已经没有任何内在实际价值，而且美国多年寅吃卯粮，入不敷出，美元超发滥发已成常态，美元所代表的美国资产或符号价值越来越稀少。但是，多年来，美元在全世界依然炙手可热，甚或被当做“美金”对待，在一些国家甚至被当做比黄金还要贵重的储备加以膜拜。其重要原因，就是美元印钞机背后的美军舰队、飞机以及海军陆战队，仍然是当今世界最成功、最强大的工业化载体。而为世人所忽略的是，美元持续得到中国的坚定支持，即一个拥有庞大的日用品工业生产体系但是生产指导部却设在美国的中国的支持。

没有工业化就没有城镇化，城镇化是工业化的结果；没有工业化就没有信息化，工业化是信息化的前提；没有工业化也就没有国防现代化，工业化是国防现代化的基础。因此，在“四个现代化”中，工业化处于关键与核心地位。只有经历成功的工业化，现代化才有保障，人的现代化、企业的现代化、社会的现代化都离不开工业化。一国经济社会文化，唯有经历工业化的洗礼，才有国家治理体系与治理能力的现代化的可能。

第7章

中国工业化远未完成

——还在路上

中国虽有“世界工厂”之名，却无昔日“世界工厂”之实。通过引进—引进—再引进，中国工业化出现了“两头重大”（基础性行业和加工业）、“中间薄弱”（关键零部件、重要原材料）的状况，即“头重脚重腰板软”。

鸦片战争，警醒了中国一批有识之士。自那时起，中国就有了工业化的尝试——洋务运动。然而，甲午战争，让中国的工业化强国梦灰飞烟灭。辛亥革命后的旧中国，是一个半殖民地半封建社会，战乱频仍，列强当道，买办横行。实际控制中国的英、美资本不允许中国搞真正的工业化，而依托江、浙、沪地主买办的国民党政权热衷倒卖资源、充当国际资本代理，对中国的工业化没有一丝兴趣。中华民国的财政部长宋子文公开说，外国进口的盘尼西林（青霉素）用都用不完，中国何必要自己生产。农业国及农业文明与工业国及工业文明的差异，是人多地广的中国在军事上不是人少地狭的日本对手的主要原因。中国的工业化真正起始于新中国。新中国的经济基础十分薄弱，可谓一穷二白。“我们一为‘穷’，二为‘白’。‘穷’就是没有多少工业，农业也不发达。‘白’就是一张白纸，文化水平、科学水平都不高。”①

中国的工业化成就有量乏质

历史上，成功经历工业革命的国家，都能达到当时技术要求所能达到的制造巅峰。第一次工业革命是以使用蒸汽机动力为主要标志的，到19世纪中后期，当时最复杂的工业产品应当是铁甲舰。一艘铁甲舰有几十万个零部件，能制造铁甲舰的国家，就是那个时代的工业化国家。而能制造最好的铁甲舰，意味着经历了最成功的工业革命，英国显然当之无愧。

第二次工业革命是以使用内燃机与电动机动力为主要标志的，能够制造汽车而后是飞机的国家，就是成功的工业化国家。经由第二次工业革命的洗礼，德国能够制造出世界最好的汽车，美国能够制造出世界最好的飞机，德国、美国拥有世界最发达的制造业，成为第二次工业革命的翘

① 《毛泽东文集》，第七卷，43～44页，北京，人民出版社，1999。

楚，是世界经济的领头羊。

以电子计算机为代表的第三次工业革命出现后，大型客机成为当今最复杂的工业产品，其设计制造需要几百万个零部件，当今世界，有且只有被舆论炒作“去工业化”的美、欧，能够制造“波音”与“空中客车”。德、法则是汇全欧洲制造之精华方可与美国相匹敌，日本等工业化强国难以望其项背，这表明美、德、法依然是当今世界最强的工业化国家，代表着当今世界最高的工业水准。

然而，作为新兴“世界工厂”的中国，迄今为止，飞翔在中国领空，抑或涂上“中国××航空公司”名称的大飞机，都不是中国自己制造的。连作为第二次工业革命重要标志的汽车，中国迄今也不能制造出世界最好的汽车，甚至高档一点的汽车的发动机与关键零部件都要进口。但是，在国内舆论场上，中国作为当今世界生产、消费汽车最多的国家被广为宣传报道。

30多年前，中国通过改革开放，在国际分工的大背景下积极推进工业化，大力引进外国直接投资，由此积累起庞大的生产能力，成为世界的第一大工业国，“中国制造”

行销世界，并取得了“世界工厂”的名号。[①] 然而，中国的人均工业产值不到美国的1/10，世界对“中国制造”毁誉参半，中国对自己的“世界工厂”地位也褒贬不一，更没有取得过去英、美、日在科技、管理上取得的标志性成就。在次贷危机引发国际金融危机的冲击下，世界经济低迷，全球保护主义甚嚣尘上，贸易摩擦纷至沓来，“中国制造”终结了无止境的扩张，企业产能严重过剩，“世界工厂”正面临由毛虫到蝴蝶的痛苦蜕变。很显然，今天中国虽有“世界工厂”之名，却无昔日“世界工厂”之实，中国的工业化道路依然漫漫修远。

中国工业化的高昂成本

西方国家的工业化基本上都是在廉价资源能源、忽略不计的环境成本、零负担的企业社会道德责任的基础上实现的，殖民地与海外市场广阔，国际竞争对手有限，占尽了天时、地利与“人和”。当中国在改革开放后启动新一轮

---

① 2001年，在日本通产省发表的白皮书中，中国已经成为“世界工厂”被第一次提及。

工业化进程时，调整了工业化方向，由独立自主的重工业化制造调整为承接国际分工的加工制造，这种“两头在外”的发展模式不断增加中国对国际资源、国际市场的依赖。然而，国际资源、国际市场的话语权与定价权牢牢掌握在西方垄断资本手中，“中国的刚需”则使得能源、资源价格被炒到了天价。多年来，“买什么，什么就昂贵；卖什么，什么就便宜”，成为中国参与国际经济的生动写照。进口铁矿石（典型普通资源）付出战略资源价，而地道的战略资源（稀土）却长期卖出粪土价，普通资源都谈不上。过去十年，中国为铁矿石、石油等资源能源多支付万亿美元。正是由于国际垄断的寄生与敲诈，中国工业化的负荷极为沉重。

在采购成本高企、销售利润微薄的情形下，中国企业的成本控制只能更多地向外部溢出，于是环境污染日趋严重，工人工资长期停滞，大众权利不断被突破底线、红线。西方工业化早期残酷的原始积累，使资本主义从头到脚每个毛孔都滴着血和肮脏的东西。新中国确立社会主义制度，工业化过程中，国有（营）企业占据主导地位，国家出资，管理者与工人同吃、同住、同劳动，工人当家做主，当之无愧成为企业的主人，社会主义工业化及其积累过程干净、清澈、透明。然而，在多种所有制齐头并进后，私营企业、外资企业在越来越多的行业取代国有企业，成为中国工业化的底色，富士康的军营式管理与“十几跳”为中国工业化的高昂成本作了最好的注脚。

多年来，由于不恰当开放，利益集团作祟，金融主权旁落，外汇占款成为人民币发行的主渠道，所谓总量平衡控制，明显有利于外资而不利于中资。中国的廉价储蓄被外资、金融资本占有，并由此侵占、剥夺中国企业的利润，工业企业的发展生存环境不断恶化。很难想象，作为世界最勤劳节俭、储蓄率最高的国家，中国的实际融资成本长期处于世界最高行列，由此导致诸多有发展潜力的企业纷纷赴海外融资或投靠外资变成附庸，没有“海外关系”或当不了洋买办、洋代理的企业，则纷纷弃实务虚，转向金融地产投机，如此国民经济面临去工业化、泡沫化的危险境地。

中国的工业化是嫁接的、引进的、脆弱的

苏联是中国工业化的母体。20 世纪 50 年代，苏联给中

国20亿美元的低息贷款，其中价值4亿美元的武器用于朝鲜战争、巩固国防，其余资金则用于包括156个工厂的生产设施、技术与服务。以此为基础，中国做了大量艰辛的努力——包括“三线”工厂建设，由此建立起独立的工业体系。倘若这个工业体系能够持续完善、精心培育，未尝不能成长为完整强健的工业体系，使中国成为新型工业化国家。然而，阴差阳错，这个工业体系最终没有经过关键的技术自主创新、产业自我升级换代的中国化，因而也就没有内生于中国经济与社会，如此中国在高精尖上与先进工业国始终存在较大差距。

改革开放后，中国的工业化发展历程有新的大的调整，即把轻工业放在工业化的首位，而且主要是通过资金、技术与管理的引进—引进—再引进（而不是类似日韩的引进—消化吸收—创新）的方式，建立起无所不包、无所不能的生产（加工组装）轻工业体系，在服装鞋帽等越来越多的低附加值产品上赢得了“第一生产大国”的头衔，“世界工厂”的名声日益响亮。改革开放30年间，中国的工业产能占世界总量的比例由7%上升到40%。然而，与英国、美国、德国、日本等昔日“世界工厂”不同的是，中国的工厂集中在低技术、低附加值及高消耗、高污染的工业制造。诸多高端制造、重要制造越来越牢靠地掌握在西方垄断资本手中。例如，中国花费巨资在“世界屋脊”上建造了世界最高的铁路——青藏铁路，但是青藏铁路上客运列车却是用美国进口的NJ-2型车头牵引。1 000个低端制造可以实现1个高端制造的利润，但是1 000个低端制造绝不会等同于1个高端制造。这好比1 000只羊去对付1只狮子，1 000条渔船驱逐1艘航空母舰。

通过引进—引进—再引进，中国工业化的结果出现了“两头重大”（基础性行业如水泥、钢铁，加工业如服装、鞋帽）、“中间薄弱”（关键零部件、重要原材料）的状况，即“头重脚重腰板软”。近年来，由于金融危机的冲击，国内产业升级，外需急剧萎缩，以基础工业、加工业为主导的实体经济出现了停止乃至萎缩态势；与此同时，以金融、保险和房地产业为代表的虚拟经济欣欣向荣，国民经济“虚热实冷”日趋明显。“两头在外”的发展战略面临的国际压力越来越大，因为资源与市场的定价权不在我们手里，由此国际垄断资本肆意敲我们的竹杠、盘剥我们。此外，货品尤其是能源的海上运输要道，处在美军基地的掌控之下。新兴大国快速崛起与西方强权持续衰落，引发越来越多、越来越大的地缘政治摩擦。未来倘若相关地区出现急剧动荡，抑或中国与美国或其盟国交恶，中国的商业通道将面临中断的危险。如此，中国的一半工业会陷入停顿——一半原油依赖进口。由此可见，中国的工业化所取得的进展相当脆弱。

社会主义建设时期，嫁接苏联工业化，苏联是真心的、舍得的，156 个项目的工业化水准与苏联是同步的。改革开放后，中国工业化进程与美国“去工业化”进程总体是一致的，即中国“引进来”与美国“走出去”是相辅相成的。但是，我们引进的设备是美国等西方的过剩产能，引进的生产技术是美国技术生命周期的衰退阶段，引进的加工制造是美国国际产业布局（国际分工）的一个环节，引进搭建的整个轻工业体系是美帝国体系的一个组成部分。中国的工业化负责日用品生产，并为美国的资金需要提供积累。深入细致分析发现，这种安排，很多是通过“智能帝国主义”手段、国际分工的旧秩序实现的。即帝国掌控金融与海权，迫使他国（殖民地）为自己提供物资的制度安排。在这个过程中，帝国起先积极发展工业夺取霸权，然后放弃工业，依靠剥削他国享受好日子。西班牙、英国、美国，都在取得帝国霸权之后经历了“去工业化”过程。至于美国，虽没有帝国之名，却拥有帝国之实。

中国参与美国主导的国际分工体系，实际上是严重依附美帝国体系。以庞大的日用品制造能力、主导权多半掌控在国际垄断资本手中为特征的中国工业化，支撑了美元，为美元随意、肆意印制发行提供担保，中国（工业）制造—美国（金融）消费，美元霸权的最有力支撑是“中国制造”，这才是“中美国”的关键所在，是所谓“新型大国关系”的关键所在，也是所谓中美“夫妻关系”的关键所在。因此，某种意义上，人民币是在持续美元化，成为美元兑换券，所谓“人民币国际化”是虚假的、虚伪的，是相关利益集团掩人耳目、混淆视听而已。美元是美帝国体系的核心，美元霸权是美帝国的核心利益，人民币真正走向国际化必然会否定美元的核心，侵蚀美帝国的核心利益，而且能为中国独立自主的工业化提供屏障，因此美国不允许中国推动人民币真正走向国际化，与华尔街有着千丝万缕联系的中国金融利益集团也不可能推动人民币真正走向国际化。

成功工业化的“硬指标”

历史上，英国、美国与日本都曾因为成功的工业化而形成强大的制造能力，先后扮演了“世界工厂”的角色，源源不断地生产出各色产品、各种机器与各类设备，成为“全球经济和贸易的核心国”。

英国首开工业革命先河并于 19 世纪中期成为“世界工厂”。当时，英国人口只占世界总人口的 2%，但是其工业产值却占世界总产值的 30%～40%，对外贸易占世界总贸易额的 20%～25%，并且全世界 1/3 以上的商船都悬挂着英国的国旗。英国创立了以蒸汽机为动力、分工合作与规模生产相结合的近代工厂，成为国际分工的高地，以及全球的制造中心、经济中心、财富集散中心。

美国也是通过推进新一轮工业革命而成为“世界工厂”的。1928 年美国的工业生产份额占世界的 39%，第二次世界大战后这一份额继续增加，直至占据世界工业生产的半壁江山。从耐克运动鞋到波音飞机，标准化的“美国制造”包罗万象。与先驱者英国不同的是，美国是用一系列知名品牌来巩固自己的“世界工厂”地位的。作为后起之秀，美国创立了“泰勒模式”与“福特流水生产线”，为现代工厂奠定了基础。

第二次世界大战后，日本通过实施“重化学工业化”和“加工贸易立国”（1955—1974 年）、“技术立国”（1975—1990 年），迅速积累起庞大的工业生产能力。到 20

世纪80年代，日本在国际分工中异军突起。电器、汽车、机床、机械等诸多高技术、高附加值产品跃居世界第一。无数个超越使日本成为新兴的“世界工厂”。日本不仅实现了企业生产方式的革命（如“精益生产”与“丰田模式”），而且实现了资本主义组织方式的革命，即所谓“日本式经营”（终身雇佣制、年功序列制和企业内工会），为工业经济与工业文明作出了杰出贡献。

成功工业化的衡量标准

著名学者余云辉先生通过深入研究为成功的工业化拟定了“十个标准”①。

如果说中国像美国、德国、日本和韩国一样已经属于一个工业化国家，那么意味着：

（1）中国本土资本应该占据和主导国内绝大部分产业部门，而不是外资；

（2）各个产业的前三名企业是中国本土企业，而不是

① 余云辉：《中国工业化进程面临中断的危险》，见和讯网，2013-12-11。

外企；

（3）中国的装备工业可以持续武装国内各个产业并保障这些产业拥有全球竞争力，而不是依靠进口；

（4）中国企业在各个产业领域应该引领全球科技创新和技术革命，而不是跟随；

（5）中国企业背靠大国市场和大国优势，应该拥有全球大宗商品和原材料的采购话语权而不是寄人篱下；

（6）中国企业凭借规模优势和技术优势应该主导流通领域并掌控下游产品的定价权，而不是贴牌代工；

（7）中国经济体创造的经济成果和剩余价值应该归于本国国民享有（如免费医疗、免费教育、免费住房或低价住房），而不是以各种方式（包括不公平贸易、跨国公司利润和美元铸币税等）转移到海外；

（8）中国应该拥有强大而自主的工业化体系支撑着强大的国防装备体系，而不是国防核心技术、核心装备和关键材料处处受制于人；

（9）中国经济的“顶层权力”（即基础货币发行权、人民币汇率定价权和人民币资产定价权）是由中国政府和中国企业掌控，而不是由美联储、美国政府和海外金融机构掌控；

（10）中国军队应该可以保卫中国企业在全球的经济利益，而不是工程技术人员走为上策。

依照这十个标准，中国是不是工业化国家便一目了然，任凭把牛皮吹破也枉然。

“时间”标准显示：中国的工业化仍在路上

工业化国家、工业社会发展的一个重要尺度，就是时间概念、效率概念。“工业国比农业国总是更懂得爱惜时间……要衡量一个国家的文化程度和劳动力的价值，可以从它对时间重视的程度来看，再也没有比这个更准确的标准了。一个蛮族中的野蛮人，会整天躺在茅屋里虚度光阴。一个放羊的，整天只是靠一支笛子，靠睡觉，来勉强度过他的生活，时间在他简直是一个负担，叫他又怎样懂得光阴可贵呢？一个奴隶、农奴或小农，他的劳动是在强迫下执行的，对他来说，劳动是惩罚，偷懒是收益，这又叫他怎能懂得珍惜时间呢？国家只有通过工业才能认识到时间的宝贵。”英国人常说，“时间就是金钱”，“争取时间就是争取利润，丧失时间就是丧失资财。工业家尽可能利用时间的这种热情会逐渐传给农民”。[①]

新中国建立后，中国嫁接苏联的工业化，由于多种条件限制，仅集中于少数“发达”地区以及少数“中心”城市。改革开放以来，由于承接国际（西方）分工，引进的工业化集中于中国沿海地区。中国的工业化由于主客观原因，指导方针有失偏颇，时间延续不够长，开展的地域不够广，行业推进不够深入，定价权与关键技术掌握在国际资本手中。有失偏颇的工业化，导致东部与中西部、城市与乡村、社会精英与弱势群体之间的发展严重失衡，形成诸多被工业化遗忘的大片土地、被传统尘封的大片人群，其重要特征就是，时间观念淡薄，工作效率低下，敷衍塞责，慵懒散慢。因此，依照“时间”所指示的标准，中国的工业化仍在路上。

---

① ［德］弗里德里希·李斯特：《政治经济学的国民体系》，陈万煦译，197页，北京，商务印书馆，1982。

第8章 中国工业化进程面临中断危险

国内外自由主义者试图将中国牢牢绑定在西方主导的国际分工的战车上，成为美帝国体系的附庸。他们竭尽全力以“华盛顿共识”来取代中国的“道路自信、制度自信与理论自信”，努力让中国通过各种“去工业化”方法来创造财富。

工业化在现代化中占据核心地位，起着不可替代的作用。近500年来的世界历史从正反两个方面都清晰地证明：经历完整、充分的工业化，如英国、法国、美国、德国、日本等，国家就会繁荣富强；在持续的工业化进程中落伍，如西班牙、荷兰等，国家就会衰败；工业化进程被中断，如阿根廷等拉美诸国、泰国等东南亚诸国，就会落入所谓“中等收入陷阱”；而被工业化遗忘的国家，如诸多非洲国家，近乎与现代文明、繁荣富强绝缘。中国的工业化远没有完成，如今在经济自由主义的误导下，中国打开了城镇化、金融化等魔瓶，中国工业化进程面临中断危险。

西方反华势力阻止、误导中国工业化

近代以来，西方列强为了取得“阳光下的地盘”——

为工业化提供必需的资源与市场——而一直在相互争斗与厮杀；在丛林法则的指导下，战胜国对付战败国（普法战争后普鲁士之于法国，第一次世界大战后法、英之于德国，甲午战争后日本之于中国等）的杀手锏，就是毁掉其工业设施与工业基础；此外，强权国家对弱势敌手动辄叫嚣“炸回到石器时代”，不只是一种歇斯底里的反应。所有这些都揭示：工业化是国家繁荣富强的秘密与关键。

印钱、投机远比工业制造容易、轻松，以金融手段掠夺远比军事手段掠夺来得容易、轻松。西方列强在自己积极推进工业化的同时，还努力限制和遏制竞争对手、殖民地从事工业化。英国在北美殖民地出台了很多措施，包括颁布了很多稀奇古怪的条例，如《制铁条例》禁止美洲殖民地制造各种铁器，连马蹄钉都要进口；《制帽条例》则规定美洲殖民地不许缝制皮帽。英国著名经济学家、国会议员休谟强调：“大陆工业应趁其蓓蕾之时加以剪除。”[①] 当美国牢执世界工业化之牛耳时，为防止挑战者“篡夺”自己的工业霸主宝座，它采取了一系列措施，防止自己的高新

① ［德］弗里德里希·李斯特：《政治经济学的国民体系》，陈万煦译，91页，北京，商务印书馆，1982。

科技与设备被竞争对手掌握。一直到1979年，美国在“巴黎统筹委员会”(1949年）的基础上出台了《出口管理与控制法》，规定不仅美国公司的技术贸易要受美国的管理与控制，而且其他国家使用美国技术的公司也要受美国的管理与控制。

英国的工业革命由纺织业开启，第一桶金主要是由纺织业积累的。但是，英国的纺织业本身无任何竞争优势，完全是在高额关税与强权政治保护下逐渐成长的。为了鼓励本国纺织品发展，同时抑制殖民地印度纺织品的发展，英国采取严重失衡的关税政策。1814年英国对来自印度的纺织品的进口关税是70%～80%，而英国向印度出口的纺织品的关税只有3.5%。英国控制伊朗后，在伊朗大肆开采石油，但是，为了抑制伊朗能源工业的发展，老奸巨猾的英国在开采石油时的用电，竟然用进口煤炭、燃煤发电提供，而白白浪费掉采油过程中冒出的油层气。在最大也是收益最丰厚的殖民地印度，英国统治的一切努力都集中于一点，就是吸取在北美统治的教训，不让印度走向现代化、工业化，而是努力使之传统化、农业化，为此不惜恢复王室以及消失已久的种姓制度。

今天，国内外自由主义者为实现（以美国为首的）西方新殖民主义政策目标，让中国牢牢绑定在西方主导的国际分工的战车上，成为美帝国体系的附庸，竭尽全力以“华盛顿共识”来取代中国的“道路自信、制度自信与理论自信”，努力让中国通过各种“去工业化”的方式——如贸易、金融、地产等——去制造财富，而不是提高中国工业化水平——如关键零部件与重要原材料等高端制造——提升制造财富的能力。“财富的生产力比之财富本身，不晓得要重要多少倍；它不但可以使已有的和已经增加的财富获得保障，而且可以使已经消失的财富获得补偿。”[1] 为此不惜杀鸡取卵，在混合所有制等各种名义下变卖国有企业，向外资转让民族企业的股份，使中国偏离工业化轨道，抑或让中国工业化主导权掌握在国际垄断资本手中。

部分学者专家鼓吹中国工业化已经完成

多年来，在“不求所有，但求所在”的思想指导下，从中央到地方，从沿海到不少内陆，首要选择就是迅速把

---

① ［德］弗里德里希·李斯特：《政治经济学的国民体系》，陈万煦译，133页，北京，商务印书馆，1982。

自己的GDP搞上去。当然，不容否认，在“唯GDP主义”下，中国的工业化、经济增长、社会发展取得了巨大成绩。美国从建国到19世纪下半叶，用了100多年，GDP达到世界第二；日本从明治维新开始，也是用了100多年，使GDP达到世界第二；然而，新中国用了60年的时间，就使GDP达到世界第二。有机构分析，未来十年内，中国会超过美国，经济总量达到世界第一。这些成绩值得肯定，但是不能陶醉，因为GDP很可能不能说明什么。在1840年之前很多年，中国的经济总量遥遥领先世界，然而经过鸦片战争的检验，这个东方的庞然大物实际不堪一击。

由于存在很多重复建设，产品低端同质，恶性竞争，国内外市场需求很快就一个接一个趋于饱和，由此导致产能严重过剩。中国的基础原材料、纺织服装鞋帽、家用电器甚至所谓新兴行业——光伏器材等，无不处在产能过剩的痛苦境地。自亚洲金融危机爆发以来，中国一直以壮士断腕的劲头与姿态，致力于产业结构调整与升级，但是由于缺乏各类相应的自主创新——长期不重视研发而偏执于引进的结果，产业结构调整与升级成效不彰。有鉴于此，一些专家学者为迎合利益集团的需要，采取“鸵鸟政策”，从产能大面积过剩得出结论，中国的工业化已经完成，未来面临的主要任务是大力发展服务经济。

实际上，就英、美、德、日等西方工业化国家的历史经验来看，工业化与自由贸易不可得兼。工业化必须在适度保护中成长，高关税以及各种非关税壁垒为一国（后进国家）的工业化提供适宜的发展环境——垄断市场、高额利润积累（以便扩大投资与研发）等。自由贸易、自由经济可以实现经济繁荣，积累肥膘但无法强健筋骨。在不断扩大对外开放的前提下，在外资的激烈竞争与跨国垄断资本跑马圈地的形势下，中国经济积累的不是工业化的钢筋铁骨，更多的是通过自由贸易而积累的财富肥膘。如此，变成了外汇储备与对外贸易的世界第一大国，GDP 的世界第二大国。相关人士与媒体常常陶醉于此，其中不乏几分炫耀。然而，鲁迅先生说得好，倘是个狮子，夸说怎样肥大是不妨事的，如果是一头猪或一只羊，肥大倒不是好兆头。

进一步扩大对国际垄断资本的开放

多年来，诸多中国知识精英基本认同，工业化、现代化的本质姓“西（方）”，姓“资（本主义）”，姓“基（督教)”，工业化、现代化实际就是西方化、资本主义化与基督教化，依照西方（所宣传）的标准塑造中国的工业化——生产工业品。由此，中国工业化的逻辑必然是不断进一步扩大对外（西方）开放，参与、承接国际（西方）分工，持续引进国际（西方）资本，甚或让国际（西方）垄断资本主导中国工业化进程，使中国经济成为西方主导的国际经济体系与秩序的一部分。与之相对照的是，“四大发明”是中国对世界的贡献，深刻地改变了世界，改变了人类发展进程。但是，没有人说“四大发明”姓“中”姓“华”，德国教科书中还赫然写着符腾堡发明印刷术，引致宗教改革。实际上，在推动工业革命的诸多重要技术创新中，很多来自东方或阿拉伯，或受到东方或阿拉伯技术的启迪，如英国的系列纺织技术就来自印度，航海系列技术来自阿拉伯、印度甚至还有菲律宾。工业化怎么就姓“西”、姓“资”、姓“基”呢？本质上，工业化及其文明属于全世界、全人类。

正是因为对工业化本质的错误理解，中国社会主义建设时期的工业化指导原则“独立自主，自力更生”被逐渐淡化，近几十年来的中国工业化，基本上是依照西方的设计，运行在西方的轨道上，按照西方设定的目标前进。接受西方输出的产能，填补西方的工业（低端）空白，由此形成所谓相互依赖、互利共赢。长期以来，中国与欧、美、日之间商贸出现一大怪相，中国一般是多出少进甚或只出不进，而欧、美、日则是多进少出甚或只进不出。许多“中国远洋”货轮从美国、日本返回中国时，负载的集装箱基本都是空的，很多集装箱干脆扔在美国，空船回来。但是，中国“赢得”了银行上的账面数字不断增加，外汇储备不断增加。这种模式耗费了中国的优质资源与良好环境。由于各类补贴包括出口退税，“中国制造”在美、欧价格通常要远低于中国，由此造成中国输入性通货膨胀，而且多年来中国的通货膨胀率远高于进口“中国制造”的美、欧、日等国。此外，房价飞涨、投机盛行、贫富分化，等等，基本上都是中国选择的发展模式的产物。很显然，中国的情况，就像富兰克林曾形容新泽西州的那句话一样，“是一只被邻居们四面八方都凿了孔的酒桶，桶里的酒都被他们吸光了”①。

中国的经济自由主义者跟随世界银行的指挥棒拼命鼓噪在中国实行经济自由化，包括全力以赴“走出去”，充分

① ［德］弗里德里希·李斯特：《政治经济学的国民体系》，陈万煦译，362页，北京，商务印书馆，1982。

利用国际市场，却把国内市场让给跨国公司。然而，李斯特早就告诫："一国的国外市场尽管极为繁荣，但是它的国内市场对它的重要性却十倍于国外市场；向海外追求财富虽然重要，还有比这个更加重要十倍的是，对国内市场的培养与保卫，只有在国内工业上有了高度发展的国家，才能在国外贸易上有重大发展。"①

城镇化，金融化——“这个化，那个化”纷纷推出

只有经历工业文明的熏陶，城镇才有新的生机。近代以来，城镇化的进步很明显是工业化的结果。除了极少数商贸、旅游城市等特例外，没有工业化支撑，城镇化多半成为无本之木、无源之水，新加坡与中国香港为此作了正反两方面最好的例证。然而，近年来，由于没有得到工业化的坚强支撑，中国诸多城镇化蜕变为房地产化。炒地皮、炒房产成为“经济繁荣”的主要渠道。这种饮鸩止渴、依

① [德] 弗里德里希·李斯特：《政治经济学的国民体系》，陈万煦译，182页，北京，商务印书馆，1982。

靠泡沫维持的繁荣能持续多久呢？如今，在工业化遭遇瓶颈之际，一些人士又重弹城镇化的老调，这种无视殷鉴不远、见了棺材也不落泪的“二杆子”政策主张，势必将中国经济进一步推向泡沫化。

只有历经成功的工业化，信息化才有可靠的基础与前提。今天，信息化的关键软硬件都掌握在以美国为首的西方国家（垄断资本）手中。“斯诺登事件”清晰地告诉世人，盲目信息化会将自己置于什么样的危险境地。多年来，中国的银行系统、民航调度系统、政府办公系统、城市轨道管理系统等诸多的信息化，一直运行在西方信息技术公司构建的轨道上，只要西方有需要，中国的信息列车随时都有“出轨”的可能。近年来，在歪嘴和尚的指导下，中国大力推进信息化，诸多城市展开近乎疯狂的“数字城市”竞赛，然而为中国搭建数字平台的是IBM这样的美国公司，核心与关键的软硬件差不多都是由西方公司提供的。很显然，中国用大价钱从西方垄断资本手中为自己购买了绞索，还美滋滋炫耀“我们走在信息化的大路上”。近来，诸多地区又一窝蜂地展开了“大数据建设”，可谓如火如荼，但是多半是以美、日、欧相关方为合作对象，同时无一例外地引进西方的技术设备。

以地产商为核心的利益集团，积极推动中国搞（新型）城镇化；以国际信息技术公司为核心的利益集团，积极推动中国大力发展信息化；以华尔街为核心的金融利益集团，则鼓动中国积极推进金融化，走所谓以服务业为主导的产业升级道路。

这世界，自古以来，一直就有一类不走人类文明的阳光大道而偏偏选取以欺诈抢盗为生的团伙与人群，海盗即是其中之一。明朝末年，皇权衰微，盗贼群起。大海盗汪直、郑芝龙（郑成功之父）霸海为王，所有航行在东亚海面的商船，都必须购买、悬挂海盗团伙的平安旗。东北王张作霖当胡子时，带领一帮唤做“保险队”的土匪，对辖区居民以及过往商客征收“保险费”，确保在此区过此路的人群的平安。

中国的这些自发或小团伙为组织的强盗和海盗，与西方以国家政府力量组织的强盗和海盗相比，简直是小巫见大巫。今天，不论如何涂抹，西方文明也掩饰不了其海盗基因，如今的所谓“现代性”政治架构、商业理念——如民主原则、契约精神等，也是源起于海盗组织以及打劫分赃的本质要求。不过，海盗本身也有一个发展过程，一开始是打家劫船，杀人越货，而后通过占据海上交通要道，收买路钱，再后来以实力为后盾，以秩序规则为依托，发展到包括收取保护费——保险在内的各种金融手段。所谓制海权，实质就是西方（主要是英美势力）霸海为王而确保保险费收入的政治花样。

现代西方金融，尤其是资本市场，特别是英美金融资本主导的资本市场，本质就是海盗，只是由在海上明火执仗，改为金融交易所场内或场外交易。这种交易需要一种体系以及相应的规则与秩序。施压发展中国家金融开放，就是要把这种体系与规则扩展延伸到新的金融处女地。而有的发展中国家也积极推动金融开放，则多半是英美金融海盗精心豢养的打手——有专业名称唤作“经济杀手”——在内部策应使然。近年来，在积极推动国企私有化、土地私有化的基础上，有关中国资本项目开放、股票证券市场国际化等经济金融化、金融自由化的声浪一浪高过一浪、一浪紧似一浪。全球化阻断了全世界无产者的联合，却使全世界的金融资本空前地勾结起来，中国的金融利益集团当然不会置身事外。积极推动中国经济金融化、金融国际化，成为中国的金融利益集团的重要的国际使命。

当然，若将所有积极推动金融自由化、金融开放的专家学者都归为“经济杀手”未免过于武断。应当承认，中国经济自由主义者并未从西方经济学中得到真传，只是他们自以为得到了，而自觉主动心向西方。西方经济学由于持续用数学装饰门面而一直以科学自居，然而究其本质而言，其装神弄鬼的巫术成分多于科学。今天，流行的西方经济学理论，连西方自己 200 年来的工业化都没有说清楚讲明白，连不断爆发的经济金融危机都没有搞明白，就在指手画脚教导发展中国家该做什么，不该做什么。有道是，以己昏昏，岂可使人昭昭？然而，可悲的是，中国诸多知识精英，尤其是那些所谓西方经济学家，振振有词：“半部论语治天下”，更何况我等饱学西经，指点中国经济还有什么问题？

结语

积累脂肪与强健筋骨

——我们的选择

工业化强健筋骨，金融化积累脂肪。中国应更多地倾听“工业党”的建言呼声，约束金融利益集团的胡言乱语，更加鼓励工业资本，节制金融资本，实现制造业的升级换代，将独立、自主、完整的工业化坚持到底。

近年来，中国经济出现了明显的虚热实冷之态势，态势折射的是工业化与金融化两条发展道路即中国经济向何处去的问题。每一个负责任的中国学者，对此都应有严肃的思考。2015年夏日，笔者应邀参加在山东日照（曲阜师范大学日照校区）举行的第七届中国演化经济学年会，并在大会上作了题为《工业化与金融化：两条发展道路》的发言。参会期间，对工业化有深入研究与独到见解的贾根良教授建议我可以此为题，出一本专辑，相对全面地阐述对工业化与金融化的主张。谋划期间，适遇中国人民大学出版社的李文重编辑，独具慧眼的李编辑乐意用中国人民大学出版社这个优质平台帮助我们实现这一想法，非常感谢！

一

在中国产能普遍严重过剩、产业结构调整的呼声一浪高过一浪的形势下，世界银行发布报告称，依照购买力评价，中国经济规模（GDP）已经在2014年超过美国。据此，很多学者包括一些官员都认定，中国的工业化已经完成，由此积极推进国民经济转型升级，将所谓城镇化（多年发展轨迹显示其实质就是房地产化）、服务化（集中体现为金融化）作为国民经济新的增长点。

近代以来，现代化作为国家发展的战略目标，已然成为一种公理。成功的工业化，是西方国家发达、先进、文明的关键所在。在中国的“五个现代化”（工业、农业、国防与科学技术四个现代化及国家治理现代化）中，工业化最关键。工业化可以富国强兵，实现国家与民族的繁荣富强。所谓的“中等收入陷阱”实际就是工业化中断或停滞的陷阱，中国若要力避“中等收入陷阱”，就要持续推进并完成工业化。工业化可以全面提高人的素质，时间是金钱、效率是生命、规则是保障等现代观念在完成工业化的国家会自然被人们理解与遵守。开会不按时、过路不守规、驾车如游蛇等不良习惯，恰恰指示中国的工业化还在路上，远没有完成；工业化可以全面优化社会结构，广泛促进社会和谐，社会在自组织基础上有序运行。近代以来，中国被动挨打，一个重要缘由，就是国家与社会一盘散沙，而好不容易于新中国建立起来的有组织有秩序的社会，几十年来被市场逻辑不断刷新，如今又近乎原子化。但是，工业化不是坐等就可以得到的，资本主义几百年，完成工业化的国家屈指可数；工业化不是他人（先进工业化国家）恩赐就可以发展的，西方强国为了保持先进，保持差距，几百年来，总是己所不欲而硬施于人，转移过剩产能与低端制造，将后进国家固定在国际分工的低端；工业化也无法简单地搬来拿来，早期自由主义者所鼓吹的“造不如买，买不如租”的战略，几十年来已经被证明彻底失败。

《世说新语》中“路边李苦”的故事所揭示的只是一种常理。人世间，凡是越有价值的东西，获取通常也越费周折。能轻易得到的，往往也不会有多大价值。美国等发达国家的经验以及阿根廷等新兴市场的教训都表明：通过国家战争与民族革命，掌握发展道路的主导权，是实现工业化的基本前提；通过适度的贸易与市场保护，掌握商品与资产的定价权，是实现工业化的必要条件；借助政府强大干预力量，发挥市场积极调节力量，是实现工业化的重要保证。美国等发达国家的成功工业化清晰显示，三个方面缺一不可，而阿根廷等新兴市场的失败工业化恰恰证明，三个方面有所偏废。一国若要实现工业化，必须付出极大的艰辛与持续的努力。“行百里者半九十”，迈不过工业化这道坎，输掉最后一公里，便会落入“中等收入陷阱”。

第二次世界大战后，发展中国家纷纷实现民族自决与国家独立，经济增长、社会发展、政治稳定成为这些发展中国家的第一要务。一些国家甚至雄心勃勃，以追赶西方作为国家的战略选择。在美国等西方国家伸出友好的橄榄枝的情形下，诸多发展中国家为学习西方强国之道，向西方派遣了一批又一批留学生。在美国，这个世界首屈一指的国家，来自广大发展中国家的留学生虔诚地拜师学艺，勤学苦读，最终取得了新古典主义（亦称新自由主义）的“真经”。在印度尼西亚，那些回国效力而逐渐掌握国家权柄的留学生被称作“伯克利黑帮”；在一些拉美国家，相似的人群则被唤作“芝加哥男孩”。而后几十年的实践表明，西学的“真经”不仅没有让发展中国家达成追赶西方的目标，实现繁荣富强，反而一个又一个前赴后继地落入经济增长迟缓—通货膨胀严重—两极分化拉大—社会动荡加剧的发展陷阱。“拉美化”的故事如今依旧不断在世界大舞台上演，下一个恐怕就要轮到中国“闪亮登场”。与其他发展中国家类似，中国负笈担簦西去的不仅有“唐僧取经”，更有“蒋干盗书”。有学者认为，近几十年来，中国近乎成为全世界贯彻新自由主义最持久、最坚决、最彻底的国家。2008 年金融大危机爆发之后，包括诸多西方国家在内纷纷吸取自由主义政策的教训，开始改弦更张，努力扭转市场的"基础性作用"，在市场的悬崖边，果断踩下自由主义的刹车。然而，在金融风险不断累积的中国，决策者指示"清算新自由主义余毒"，要求"战战兢兢，如临深渊，如履薄冰"，而相关执行者依旧加大自由主义的油门，将市场的"基础性作用"提升为"决定性作用"，试图将新自由主义的反动逆流进行到底。看来，在宏大坚固的南墙面前，中国的相关新自由主义者真的把自己看成是崂山道士，具有非凡的穿墙本领。

二

近几十年来，世界经济危机越来越集中于金融危机，而金融危机也越来越集中于汇率危机。发展中国家尤其是新兴市场越来越成为金融危机、汇率危机的首发地与重灾区。信奉经济自由主义理论以及推行经济自由主义政策是发生金融危机的主要原因。在新自由主义理论可以促进增长、增加就业、提高收入等诸多"红利"之海妖歌声的诱惑下，一些发展中国家开启金融自由化的魔瓶，释放经济金融化的魔鬼。但是，在短暂的繁荣之后，相关国家很快就陷入金融危机—经济动荡的泥淖。很显然，这些天真幼稚的发展中国家、新兴市场，非但没有得到期待中的改革红利，还亏掉了赚取利息的本钱。虽然没有沦落退回到“石器时代”的悲惨境地，但是准备“担水劈柴”的国家远不止一个。一度踌躇满志、企图通过金融富国的冰岛，在大危机引致大冲击之后，面对满目疮痍的国民经济，这个美丽岛国的总理不得不告诫国民：“我们还是多打些鱼吧！”尽管金融富国强国的梦幻不断破灭，但是在新自由主义的鬼使神差下，总是有人相信国家发展有捷径可走，依然抱着侥幸心理乃至尝试毒品的心态，鼓动甚或引领国家走经济金融化之路。

市场原教旨主义认定“市场总是正确的”，认为市场通过竞争机制、价格机制与供求机制在资源配置上扮演积极而重要（“基础性”甚至“决定性”）的角色。世界经济史表明，市场具有“财富魔法师”的作用，可以在极短的时间内创造出极大的财富。但是，在诸多公共产品的生产上，在诸多非经济领域，市场这只“看不见的手”往往会失灵，由此导致或要求政府这只“看得见的手”适时发挥作用。然而，通过深入细致的分析研究不难发现，市场在“为善”与“失灵”之外，还不时“作恶”，即把优质资源、优美环境、道德良知

是让后进国家放弃经济主权与调控治权，任由国际金融资本在本国扩张与嚣张。

在经济全球化、经济金融化的周期性大潮的裹挟下，越来越多的发展中国家被国际金融垄断资本挟持与操控，国内民族资产阶级很快便蜕变为国际垄断资产阶级的代理与买办，民族资本也越来越多地蜕变为国际垄断资本的附庸。与英、美等西方资本主义发展时期相比，今天的国际形势、世界经济早已发生巨变。一些发展中国家的民族主义者幻想通过经济金融化、金融全球化重复过去英、美等西方强国以资本主义制度实现国家富强的目标，严重不切实际。著名马克思主义理论家罗莎·卢森堡曾经断言，资本主义是以非资本主义存在为前提的。世界资源与市场的有限性、西方发达国家主导国际秩序的反动性，决定了广大发展中国家不可能重复昔日西方资本主义的侵略与殖民的发展老路，而依照自由经济思想来发展资本主义，只能成为西方强国的附庸，落入新殖民主义的陷阱。

三

随着中国经济社会对外开放不断扩大，国际金融垄断资本对中国的渗透日益深入。今天，一个依附西方金融垄断资产阶级（尤其是华尔街）的金融利益集团在中国早已悄然形成。多年来，在该利益集团的积极推动下，中国不断加快经济金融化、金融自由化进程。在这一进程中，中国实体经济不断萎缩而虚拟经济持续膨胀的“虚热实冷”态势日趋突出，中国正面临重蹈英、美资本主义覆辙的危险。问题是，英、美金融资产阶级不仅盘剥本国人民，而且更为重要的是劫掠全世界。用劫掠世界的红利，通过所谓“滴漏效应”，增进本国人民的福利，如此可以有效缓和国内社会矛盾。中国的金融利益集团有着国际金融资产阶级贪婪的一面，但是远不具有后者的机智与劫掠财富的手段与能力。于是乎在贪婪驱使下，中国金融利益集团以扩大与深化对外开放的名义，努力引狼入室，为虎作伥，借助国际金融资本的新技术与新手段，对中国投资者与消费者实施欺诈、盘剥、掠夺，最终将所掠夺财富（名为“利润”）的 80%甚至更多奉送给国际金融资本。尽管中国的相关金融利益集团只有 20%的分赃（名为“代理”）收益，但是由于基数庞大，这帮极少数寄生虫坐拥百万千万年薪以及巨额分红，在中国过着帝王般的生活。2015 年的股灾，仅仅 10 多个交易日，约 20 万亿元人民币的市值就人间蒸发，很显然就是国内金融利益集团与国际金融资产阶级内外勾结、劫掠的结果。因此，如果没有有效手段节制金融利益集团，中国经济非但难以回归持续健康发展的轨道，而且更有可能陷入动荡与危机的泥潭。

中国的金融利益集团多半寄生于部门利益之中，而且与一些地方利益紧密地勾连在一起。多年来，一些原本就相对比较发达的沿海地区（城市）一直享受着多种特殊优惠政策，长期的阳光雨露使得这些娇生惯养的地区（城市），似乎离开了特殊照顾就不会自我生长、自主增长。在新自由主义思想的指导下，这些沿海地区（城市）越来越严重地患上了一种狂想病，企图不用辛苦劳作而能轻松赚钱。因此，它们不是埋头苦干实干，而是挖空心思找捷径，投机取巧赚大钱。它们听取一些不着边际的新自由主义学者蛊惑，执迷甚至痴迷金融、保险与房地产业等虚拟经济。一度拥有众多名牌产品与行业龙头企业的某城市，在服务中心、航运中心、金融中心等伟大创意下，房地产等泡沫经济不断膨胀，生产与生活成本持续上升，实体经济日益萎缩，多年的名牌产品与龙头企业逐渐淡出了人们的视线，最终销声匿迹，只能在虚拟—服务—金融的道路上越滑越远。

偌大中国，如果只是一个地区（城市）痴迷于投机取巧也不打紧，自作自受而已。问题是，这么一个地区（城市）

投机取巧而连连得手，则有着很坏的示范效应，很多地区（城市）都会跟着向国家要政策，都想不劳而获，赚快钱赚大钱。如此，各类于首都“跑部钱进”的游说蜂拥而至，钱权交易之腐败越演越盛，真可谓“一粒老鼠屎败坏一锅粥”。更为严重的是，这类地方利益与局部利益的增进，往往是以牺牲国家利益与整体利益尤其是国家安全为代价的。例如自贸区，光怪陆离的优惠政策，潜藏着一个极其危险而致命的漏洞，那就是以变相资本项目自由化来增加本地税收，繁荣本地经济，经由自贸区的境外资金是促成 2015 年股灾的重要力量，国家金融安全的“千里之堤”差点就毁于自贸区这个“小小蚁穴”。在中国经济持续发展、经济规模坐二望一的今天，依旧给富裕发达的地区（城市）以各种优惠政策，显然对其他落后地区尤其是边远地区严重不公，将固化与拉大发展不平衡，加剧地区社会矛盾；在社会主义市场经济已经实施 30 多年的今天，依旧用割据性、碎片化的自贸区来促进地方增长，显然与统一大市场的精神相背离，是一种历史的反动；即便秉持自由主义的理念（沿海发达地区是新老自由主义的坚定拥趸），自贸区的实践当然与自由竞争、平等参与的市场原则相矛盾，但是为了地方利益与本地市民利益，相关地区（城市）不惜牺牲它们口口声声的“自由价值观”，不惜牺牲国家与国民利益。

因此，在经济全球化的国际压力下，在经济金融化的利益集团压力下，金融当局乃至中央政府必须有很好的定力与坚强的意志。定力与意志，主要来自道路自信、理论自信与制度自信，来自对中华五千年文明的自信，来自对社会主义革命与建设之伟大实践的自信。倘若我们失去了自信，任由相关金融利益集团的忽悠与误导，任由跨国金融垄断资本于中国嚣张与扩张，那么中国必将重蹈“拉美化”覆辙，落入所谓“中等收入陷阱”，实际就是经济依附的新殖民主义陷阱。在今天“新常态”的大背景下，我们应更加明确：工业化强健筋骨，金融化积累脂肪；工业化利国利民利长远，利于绝大多数，金融化利于眼前，利于一小撮，利于国际金融资产阶级，祸国殃民害长远。有鉴于此，从现在开始，中国应更多地倾听“工业党”的建言呼声，约束金融利益集团的胡言乱语，更加鼓励工业资本，节制金融资本，实现制造业的升级换代，有重点地弥补“工业 1.0”，夯实“工业 2.0”与“工业 3.0”，积极谋划与部署“工业 4.0”，将独立自主完整的工业化坚持到底。

图书在版编目（CIP）数据

道路之争：工业化还是金融化？/江涌著．—北京：中国人民大学出版社，2015.11
ISBN 978-7-300-15077-2

Ⅰ.①道… Ⅱ.①江… Ⅲ.①工业化-经济发展-研究-中国②金融业-经济发展-研究-中国 Ⅳ.①F424②F832

中国版本图书馆 CIP 数据核字（2015）第 257299 号

道路之争——工业化还是金融化？
江　涌　著
Daolu Zhizheng：Gongyehua Haishi Jinronghua？

出版发行	中国人民大学出版社		
社　　址	北京中关村大街 31 号	**邮政编码**	100080
电　　话	010－62511242（总编室）	010－62511770（质管部）	
	010－82501766（邮购部）	010－62514148（门市部）	
	010－62515195（发行公司）	010－62515275（盗版举报）	
网　　址	http://www.crup.com.cn		
经　　销	新华书店		
印　　刷	北京联兴盛业印刷股份有限公司		
开　　本	890 mm×1240 mm　1/32	**版　　次**	2015 年 12 月第 1 版
印　　张	8.5 插页 2	**印　　次**	2023 年 6 月第 2 次印刷
字　　数	130 000	**定　　价**	79.00 元